Ontdek gratis online spelletjes

Hier verkrijgbaar:

BestActivityBooks.com/FREEGAMES

5 TIPS OM TE BEGINNEN!

1) HOE OP TE LOSSEN

De Puzzels zijn in een Klassiek Formaat:

- Woorden worden verborgen zonder pauzes (geen spaties, streepjes, ...)
- Oriëntatie: Voorwaarts & Achterwaarts, Boven & Beneden of in Diagonaal (kan in beide richtingen)
- Woorden kunnen elkaar overlappen of kruisen

2) ACTIEF LEREN

Naast elk woord is een spatie voorzien om de vertaling te noteren. Om actief te leren vindt u een **WOORDENBOEK** aan het einde van deze editie om uw kennis te controleren en uit te breiden. U kunt elke vertaling opzoeken en opschrijven, de woorden in de puzzel vinden en ze vervolgens aan uw woordenschat toevoegen!

3) TAG JE WOORDEN

Hebt u al geprobeerd een labelsysteem te gebruiken? U zou bijvoorbeeld de woorden die moeilijk te vinden waren kunnen markeren met een kruis, de woorden die u leuk vond met een ster, nieuwe woorden met een driehoek, zeldzame woorden met een ruit enzovoort...

4) ORGANISEER UW LEREN

Wij bieden ook een handig **NOTITIEBOEKJE** aan het eind van deze uitgave. Of u nu op vakantie, op reis of thuis bent, u kunt uw nieuwe kennis gemakkelijk ordenen zonder dat u een tweede notitieboek nodig hebt!

5) AFGESLOTEN?

Ga naar de bonussectie: **FINAAL UITDAGING** om een gratis spel te vinden dat aan het einde van deze editie wordt aangeboden!

Wil je meer leuke en leerzame activiteiten? Het is Snel en Eenvoudig! Een hele collectie spelboeken slechts *één klik verwijderd!*

Vind uw volgende uitdaging bij:

BestActivityBooks.com/MijnVolgendeBoek

Klaar... Start!

Wist u dat er zo'n 7000 verschillende talen in de wereld zijn? Woorden zijn kostbaar.

We houden van talen en hebben hard gewerkt om de boeken van de hoogste kwaliteit voor u te maken. Onze ingrediënten?

Een selectie van onmisbare leerthema's, drie grote plakken plezier, dan voegen we er een lepel moeilijke woorden en een snuifje zeldzame woorden aan toe. We serveren ze met zorg en een maximum aan verrukking, zodat je de beste woordspelletjes kunt oplossen en veel plezier beleeft aan het leren!

Uw feedback is essentieel. U kunt een actieve bijdrage leveren aan het succes van dit boek door een recensie achter te laten. Vertel ons wat u het meest beviel in deze editie!

Hier is een korte link die u naar uw bestelpagina brengt:

BestBooksActivity.com/Recensies50

Bedankt voor uw hulp en veel plezier met het spel!

Linguas Classics

1 - Metingen

ख	ल	स	ढ	ष	म	त	ड	ढ	च	श	ड	र	म
य	प	ख	ञ	स	स	ब	म	य	◌ौ	ड	◌ि	थ	ढ
ढ	श	ग	फ	स	त	ऊ	च	ल	ड	क	ग	व	श
व	ज	न	छ	ख	ठ	छ	व	छ	◌़	◌ि	◌्	ट	क
ठ	ख	ग	ढ	उ	फ	इ	ब	घ	◌ा	ल	र	ञ	◌ि
इ	ऊ	ष	श	ध	ट	म	ग	ब	ई	◌ो	◌ी	ञ	ल
ल	◌ं	ब	◌ा	ई	ग	ह	र	◌ा	ई	ग	य	च	◌ो
ख	च	च	औ	ख	आ	य	थ	इ	ग	◌्	र	◌ा	म
व	◌ा	श	◌ं	त	म	त	ह	ट	भ	र	न	य	◌ी
म	ई	घ	स	व	◌ा	आ	य	त	न	◌ा	म	ख	ट
◌ि	ढ	ल	ग	ढ	स	ख	थ	र	न	म	◌ी	ट	र
न	ऊ	द	◌ी	द	श	म	ल	व	घ	ऊ	ग	ड	छ
ट	स	◌े	◌ं	ट	◌ी	म	◌ी	ट	र	ठ	त	भ	ञ
ठ	न	म	व	ध	र	ह	प	द	स	ऊ	ग	ण	श

चौड़ाई
बाइट
सेंटीमीटर
दशमलव
गहराई
वजन
डिग्री
ग्राम
ऊंचाई
इंच
किलोग्राम
किलोमीटर
लंबाई
लीटर
मास
मीटर
मिनट
औंस
टन
आयतन

2 - Keuken

ख	ओ	न	स	य	च	म	◌्	म	च	ब	फ	ष	फ
ञ	छ	व	स	ए	द	ह	स	ए	प	◌्	र	न	◌्
ए	ञ	य	न	ड	द	भ	◌्	◌ा	च	प	ऊ	◌ै	र
ञ	ऊ	र	भ	ल	य	ग	प	क	ल	ध	श	प	ि◌
र	व	म	ञ	◌ो	क	◌ा	◌ं	ट	◌े	◌े	ण	क	ज
क	ि◌	फ	ठ	ञ	ज	ण	ज	◌ो	ऊ	ण	घ	ि◌	ग
र	ध	ग	ञ	आ	ए	न	व	र	त	व	म	न	ग
छ	ि◌	ऊ	च	◌ी	न	◌ी	क	◌ा	◌ँ	ट	◌ा	छ	श
◌ु	ऊ	उ	द	च	क	◌े	त	ल	◌ी	उ	च	म	ग
ल	र	उ	ठ	व	ब	स	द	ष	श	ड	छ	श	◌्
ह	त	छ	श	ञ	य	ग	व	फ	◌्	र	◌ी	ज	र
ड	ट	ष	व	य	ष	च	◌ा	क	◌ू	ऊ	त	व	ि◌
व	ढ	च	ह	इ	आ	ध	ड	थ	ध	म	क	प	ल
फ	ट	ष	र	आ	आ	ठ	म	द	य	द	ठ	उ	र

कप
चीनी काँटा
ग्रिल
केतली
फ्रिज
कटोरा
जग
चम्मच
चाकू
ओवन
करछुल
विधि
एप्रन
नैपकिन
मसाले
स्पंज
भोजन
कांटे
फ्रीजर

3 - Boten

द	त	श	श	स	◌ा	ग	र	आ	श	स	ध	स	र
ड	फ	र	म	म	स	◌्	त	◌ू	ल	म	द	प	स
ब	◌ो	य	◌ा	◌ु	ए	थ	इ	न	र	◌ु	र	ख	◌्
ल	◌े	ए	भ	द	त	ढ	इ	◌ौ	न	द	च	ष	स
ल	ल	ड	स	◌्	न	द	◌ी	क	श	◌्	त	◌ी	◌ी
थ	ह	न	◌़	र	◌ा	ण	स	◌ा	र	र	स	द	ल
ग	आ	र	घ	◌ा	व	झ	◌े	म	ह	◌ी	ल	त	ट
घ	◌ो	य	◌े	य	◌ि	◌ी	ल	ग	ल	म	ग	म	भ
ड	फ	द	न	◌ं	क	ल	ब	म	क	◌्	र	◌ू	उ
ए	ड	ज	◌ी	घ	ए	ऊ	◌ो	थ	ड	◌ो	◌ं	ग	◌ी
च	व	◌्	उ	ल	च	प	ट	द	ह	श	ल	ढ	ष
ण	ष	व	ल	◌ं	ग	र	ण	इ	◌ं	ज	न	ट	भ
च	फ	◌ा	थ	स	आ	य	ढ	फ	ख	च	ख	इ	इ
छ	ढ	र	च	ड	त	ण	स	न	ण	भ	ण	ख	ऊ

लंगर
क्रू
बोया
गोदी
लहरें
नौका
कश्ती
डोंगी
मस्तूल
नाविक

झील
इंजन
समुद्री
सागर
नदी
ज्वार
रस्सी
बेड़ा
समुद्र
सेलबोट

4 - Chocolade

क	स	◌्	व	◌ा	द	◌ि	ष	◌्	ट	ब	ध	ह	ए
◌ै	ढ	श	क	◌ै	ल	◌ो	र	◌ी	च	म	श	च	◌ं
◌ं	ञ	र	◌ु	◌ो	ञ	थ	व	ञ	उ	◌ी	ऊ	ए	ट
ड	म	स	ट	भ	क	त	म	◌ि	आ	श	न	व	◌ी
◌ी	ढ	◌ु	◌ी	उ	ढ	◌ो	थ	ह	द	उ	ब	◌ी	ऑ
घ	र	ग	र	ध	इ	द	छ	ल	ख	◌े	इ	ठ	क
म	◌ू	◌ं	ग	फ	ल	◌ी	घ	ट	क	ख	श	न	◌्
ब	व	ध	◌ु	य	ब	ह	क	ड	◌़	व	◌ा	◌ी	स
ब	इ	न	ण	ए	ञ	ग	प	◌्	र	◌ि	य	प	◌ी
ण	र	त	व	ए	थ	उ	◌ा	य	ण	ध	द	द	ड
श	भ	भ	त	ट	ल	ह	उ	उ	घ	◌ि	ड	र	◌े
भ	प	स	◌्	व	◌ा	द	ड	म	◌ि	ठ	◌ा	ई	◌ं
घ	ग	न	त	च	व	य	र	घ	ब	ह	घ	ड	ट
उ	ए	प	◌ा	न	◌ा	र	◌ि	य	ल	प	म	ह	ऊ

एंटीऑक्सीडेंट
सुगंध
कुटीर
कड़वा
कोको
कैलोरी
विदेशी
प्रिय
स्वादिष्ट
घटक

नारियल
गुणवत्ता
मूंगफली
पाउडर
विधि
स्वाद
कैंडी
चीनी
मिठाई

5 - Tijd

न	प	इ	च	ब	म	श	ध	ढ	क	ञ	ह	ऊ	व
स	प	◌्	त	◌ा	ह	स	ढ	थ	◌े	आ	इ	ट	ष
थ	थ	ध	ग	भ	◌ी	ख	ष	स	ब	इ	उ	र	ऊ
ढ	श	ण	ज	उ	न	य	न	न	◌ा	य	श	आ	र
द	◌ि	न	ल	ढ	◌ा	च	श	स	द	◌ी	न	ड	ष
अ	ब	ठ	◌्	य	ठ	ठ	ञ	ख	आ	ड	श	थ	भ
ष	इ	छ	द	थ	भ	स	आ	व	र	◌्	ष	फ	ट
ष	ठ	र	◌ी	ए	द	◌ु	प	ज	ब	ए	य	ट	उ
ख	ण	ख	◌ा	न	ढ	ब	द	◌ो	प	ह	र	ए	क
घ	ड	◌़	◌ी	त	घ	ह	भ	व	◌ि	ष	◌्	य	ल
श	ट	व	घ	स	ठ	र	फ	त	श	य	स	स	र
क	◌ै	ल	◌े	◌ं	ड	र	द	श	क	म	◌ि	न	ट
च	भ	स	त	ब	ट	च	घ	श	ग	य	ऊ	फ	र
थ	स	ह	ख	आ	व	◌ा	र	◌्	ष	◌ि	क	ध	ण

दिन
दशक
सदी
कल
वर्ष
वार्षिक
कैलेंडर
घड़ी
महीना
दोपहर

मिनट
के बाद
रात
अब
सुबह
भविष्य
घंटा
आज
जल्दी
सप्ताह

6 - Meditatie

ठ	ल	भ	य	फ	च	ण	ठ	स	ख	◌ु	श	ए	व
ख	म	त	आ	र	ख	ठ	ब	◌्	स	र	ठ	छ	◌ि
थ	ञ	ग	ब	आ	उ	र	अ	व	ल	◌ो	क	न	च
प	◌्	र	क	◌ृ	त	◌ि	द	◌ी	र	न	द	द	◌ा
आ	प	र	◌ि	प	◌्	र	◌े	क	◌्	ष	◌्	य	र
ध	स	ड	स	◌ं	ग	◌ी	त	◌ृ	भ	श	म	◌ा	◌ा
घ	घ	न	ष	उ	ठ	त	इ	त	◌ा	◌ा	◌ौ	ल	व
प	श	ग	थ	छ	ल	च	◌ि	◌ि	व	◌ं	न	◌ु	ड
ष	म	म	◌ा	न	स	◌ि	क	इ	न	त	व	त	ख
क	◌ृ	त	ज	◌्	ञ	त	◌ा	ल	◌ा	◌ि	स	◌ा	श
स	◌्	प	ष	◌्	ट	त	◌ा	ञ	ए	न	ण	थ	◌्
ञ	द	ढ	श	ण	च	ल	ए	ण	◌ँ	ज	श	इ	व
र	ढ	ऊ	ध	ब	ध	ठ	ध	◌्	य	◌ा	न	व	◌ा
आ	म	श	आ	य	च	ख	ड	ढ	ऊ	ग	ल	ठ	स

ध्यान
स्वीकृति
श्वास
गति
कृतज्ञता
भावनाएँ
विचार
खुश
स्पष्टता
आसन

दया
मानसिक
संगीत
प्रकृति
अवलोकन
परिप्रेक्ष्य
मौन
शांति
दयालुता
जाग

7 - Zomer

ग	व	फ	य	स	◌ि	त	◌ा	र	◌े	घ	ष	ए	र
भ	च	ड	◌ा	इ	व	◌ि	◌ं	ग	स	र	ढ	ष	ऊ
◌ो	ए	ग	द	ट	ध	ञ	ग	ह	अ	व	क	◌ा	श
ज	त	ख	◌े	भ	त	आ	श	द	द	स	व	प	भ
न	ग	स	◌ं	ग	◌ी	त	ट	य	◌ो	म	◌ि	ढ	ञ
ड	◌े	र	◌ा	ड	◌ा	ल	न	◌ा	स	◌ु	श	म	इ
ष	ट	ग	ह	व	ध	इ	भ	आ	◌्	द	◌्	ह	घ
स	ब	प	र	◌ि	व	◌ा	र	आ	त	◌्	र	घ	श
स	◌ै	इ	◌्	ण	ब	ह	ष	ए	◌ो	र	◌ा	ष	ऊ
ख	ख	◌ं	ष	न	ग	च	ह	प	◌ं	त	म	च	श
च	◌े	ड	ड	ञ	◌ी	स	श	छ	◌ु	ट	◌्	ट	◌ी
ह	ण	ल	ञ	ल	च	प	◌ु	स	◌्	त	क	◌े	◌ं
ए	छ	श	स	ल	◌ा	ब	ण	य	◌ा	त	◌्	र	◌ा
स	म	◌ु	द	◌्	र	घ	ए	ह	ख	श	ढ	आ	व

पुस्तकें
डाइविंग
परिवार
खेल
यादें
घर
डेरा डालना
संगीत
विश्राम
यात्रा
सैंडल
सितारे
समुद्र तट
बगीचा
छुट्टी
भोजन
हर्ष
दोस्तों
अवकाश
समुद्र

8 - Vogels

न	अ	क	◌ौ	आ	ए	म	ब	र	ढ	क	श	म	ऊ
ग	घ	◌ं	ण	ह	त	◌ो	त	◌ा	त	◌ो	◌ु	◌ू	इ
ह	◌ं	स	ड	व	ण	र	ख	ज	ज़	य	त	र	ब
ब	ग	◌ु	ल	◌ा	ट	न	ञ	ह	ट	ल	◌ु	◌्	ऊ
इ	इ	स	श	स	ब	◌ू	ण	◌ं	ल	द	र	ख	स
प	घ	ञ	आ	◌ी	ए	उ	क	स	ठ	न	म	म	घ
◌े	ख	द	ठ	ल	इ	फ	इ	◌े	ए	ब	◌ु	न	च
◌ं	ट	ण	ह	र	छ	इ	भ	ण	न	स	र	◌ु	भ
ग	ब	ख	ढ	इ	ण	त	य	ञ	ध	◌ा	◌्	ष	त
◌ु	उ	ल	◌्	ल	◌ू	न	ठ	ट	घ	र	ग	◌्	ह
इ	च	ि◌	क	न	स	ण	ख	छ	म	स	ध	य	ग
न	ष	घ	च	ख	छ	ञ	द	छ	ट	भ	ड	थ	य
ण	ल	ष	ष	घ	म	आ	फ	थ	क	ब	◌ू	त	र
म	प	ञ	ग	◌ौ	र	◌ै	य	◌ा	ऊ	ञ	ब	स	न

कबूतर
बतख
अंडा
राजहंस
बाज़
चिकन
कोयल
कौआ
मूर्ख मनुष्य
गौरैया

सारस
तोता
मोर
हवासील
पेंगुइन
बगुला
शुतुरमुर्ग
टूकेन
उल्लू
हंस

9 - Behoud

प	◌ा	न	◌ी	च	◌ि	◌ं	त	◌ा	ज	श	ञ	ग	आ
◌्	◌्	ध	ख	ए	ह	ढ	प	ल	ल	भ	फ	प	इ
र	प	र	◌ि	व	र	◌्	त	न	व	त	स	ध	श
द	द	स	◌ा	द	◌ा	ध	ढ	द	◌ा	ह	क	छ	ए
◌ू	इ	थ	◌्	क	ह	य	म	र	य	आ	◌ी	ल	घ
ष	ल	ढ	ल	व	◌ृ	ए	स	ञ	◌ु	ग	ट	ट	ए
ण	इ	इ	ढ	ण	य	त	उ	र	उ	ख	न	द	म
ट	उ	ब	ब	र	ल	◌ं	◌ि	ष	ग	ध	◌ा	ञ	ए
श	स	र	स	◌ा	य	न	स	क	ऊ	ल	श	घ	घ
◌ि	ट	ग	थ	य	घ	ह	ध	◌े	श	च	क	फ	घ
क	◌ि	ष	म	ए	र	य	स	भ	व	ढ	क	श	थ
◌्	क	◌ा	र	◌्	ब	न	◌ि	क	ड	क	उ	◌्	र
ष	◌ा	त	ष	स	◌्	व	◌ा	स	◌्	थ	◌्	य	र
◌ा	ऊ	प	र	◌्	य	◌ा	व	र	ण	ए	ऊ	ए	ट

रसायन
टिकाऊ
चक्र
स्वास्थ्य
हरा
जलवायु
पर्यावरण
प्राकृतिक

शिक्षा
कार्बनिक
कीटनाशक
परिवर्तन
प्रदूषण
स्वयंसेवक
पानी
चिंता

10 - Wiskunde

स	म	र	◌ू	प	त	◌ा	ए	त	ह	छ	छ	प	त
ह	स	भ	फ	व	आ	व	ज	ऊ	ल	ब	ठ	◌्	◌्
च	ब	ढ	ऊ	ञ	च	ञ	◌्	म	च	श	ण	र	र
द	व	ख	स	ड	ड	थ	य	ल	भ	ठ	फ	त	◌ि
श	ल	थ	ध	न	थ	थ	◌ा	स	व	य	व	◌ि	क
म	न	श	य	ञ	ए	स	म	◌ी	क	र	ण	प	◌ो
ल	घ	इ	ल	इ	त	म	◌ि	अ	र	ध	ष	◌ा	ण
व	र	◌्	ग	आ	आ	प	त	◌ं	◌ं	ए	ए	द	ख
आ	◌्	ल	ष	क	य	य	◌ि	क	आ	श	ट	क	स
य	त	य	आ	◌ो	द	◌ो	त	ग	उ	ध	श	श	◌ी
त	ल	घ	◌ा	ण	च	ग	फ	ण	उ	व	इ	न	ध
न	ट	ल	ग	स	त	◌्	र	◌ि	ज	◌्	य	◌ा	◌ा
ब	ह	◌ु	भ	◌ु	ज	ध	घ	त	प	र	◌ि	ध	◌ि
स	म	◌ा	न	◌ा	◌ं	त	र	व	◌ि	भ	◌ा	ज	न

दशमलव
व्यास
विभाजन
त्रिकोण
प्रतिपादक
अंश
ज्यामिति
कोण
सीधा
परिधि
समानांतर
आयत
अंकगणित
योग
त्रिज्या
समरूपता
बहुभुज
समीकरण
वर्ग
आयतन

11 - Camping

प	◌े	ड	◌़	ब	छ	श	त	ण	न	द	ग	क	ह
◌्	द	ि◌	क	◌्	स	◌ू	च	क	थ	थ	ल	◌े	व
र	ठ	ठ	व	ह	ढ	ए	इ	ऊ	ह	आ	ह	ब	घ
क	र	ब	ल	न	क	◌्	श	◌ा	इ	स	त	ि◌	ज
◌ृ	स	ल	ट	◌ा	श	ि◌	क	◌ा	र	क	र	न	◌ा
त	◌ा	ठ	त	ण	ल	व	आ	उ	छ	च	उ	भ	न
ि◌	ह	उ	ग	ह	ञ	ट	◌ो	प	◌ी	ब	ञ	प	व
ध	स	द	स	द	ण	स	◌े	त	ठ	ठ	द	ठ	र
म	ि◌	र	स	◌्	स	◌ी	ह	न	घ	ञ	श	आ	◌ो
ग	क	ड	त	◌ं	ब	◌ू	प	ह	◌ा	ड	◌़	ड	◌ं
झ	◌ी	ल	◌ो	च	◌ा	◌ँ	द	ट	भ	म	भ	ल	इ
◌ू	ट	ऊ	ड	◌ं	आ	घ	फ	ग	घ	स	द	ट	फ
ल	ह	द	ण	व	ग	य	उ	ल	उ	न	ह	ऊ	र
◌ा	ञ	उ	स	ए	ऊ	◌ी	प	स	ह	भ	इ	ब	घ

साहासिक
पहाड़
पेड़
वन
आग
केबिन
जानवरों
झूला
टोपी
कीट
शिकार करना
नक्शा
डोंगी
दिक्सूचक
लालटेन
चाँद
झील
प्रकृति
तंबू
रस्सी

12 - Activiteiten

र	ध	न	य	फ	ण	ल	ए	श	श	न	ग	भ	च
ढ	ल	◌ृ	ञ	च	◌ो	उ	ग	त	◌ि	व	◌ि	ध	◌ि
ग	इ	त	ऊ	ष	ञ	ट	व	ष	क	ल	◌ा	ख	त
इ	उ	◌्	य	य	ह	आ	◌ो	न	उ	ह	◌्	स	◌्
प	ग	य	प	ढ	◌़	न	◌ा	ग	ञ	द	ट	प	र
इ	छ	ड	ह	ध	ठ	◌ं	उ	स	◌्	स	आ	द	क
र	ज	◌े	◌े	ब	ष	द	ड	ए	भ	र	ए	इ	◌ा
फ	◌ा	र	ल	ब	◌ा	ग	व	◌ा	न	◌ी	◌ा	य	र
स	द	◌ा	◌ी	इ	व	◌ि	श	◌्	र	◌ा	म	फ	◌ी
व	◌ू	ड	श	◌ि	क	◌ा	र	क	र	न	◌ा	ब	◌ी
भ	द	◌ा	ख	◌े	ल	ण	ञ	ट	◌ौ	म	ञ	◌ु	भ
म	छ	ल	◌ी	प	क	ड	◌़	न	◌े	श	ञ	न	च
ल	उ	न	ञ	द	स	◌ि	ल	◌ा	ई	ढ	ल	◌ा	ड
प	ध	◌ा	अ	व	क	◌ा	श	ण	ध	ल	न	ई	थ

गतिविधि
शिल्प
बुनाई
नृत्य
फोटोग्राफी
खेल
मछली पकड़ने
शिकार करना
डेरा डालना
कला
पढ़ना
जादू
सिलाई
विश्राम
आनंद
पहेली
चित्रकारी
बागवानी
कौशल
अवकाश

13 - Vormen

क	ऊ	त	व	र	ढ	घ	र	व	त	प	य	प	थ
◌ि	ड	द	द	ड	व	भ	ग	र	◌्	◌्	म	त	य
न	प	ग	भ	ल	इ	आ	घ	व	र	र	ऊ	प	प
◌ा	ड	घ	◌ो	फ	न	भ	ट	◌ृ	◌ि	◌ि	ड	भ	घ
र	◌े	ख	◌ा	ल	स	स	आ	त	क	ज	फ	ह	त
◌ो	ञ	ष	ड	च	उ	◌ि	व	◌्	◌ो	◌्	श	ढ	आ
◌ं	ब	ह	◌ु	भ	◌ु	ज	ल	त	ण	म	ट	ह	अ
व	इ	च	ऊ	च	ए	च	श	◌े	ड	ग	ग	ष	◌ं
ट	क	ऊ	म	◌ा	श	ण	स	श	◌ं	क	◌ु	आ	ड
ल	ट	◌्	ढ	प	◌ि	र	◌ा	म	◌ि	ड	ख	य	◌ा
घ	भ	घ	र	क	ण	ल	ऊ	ख	फ	न	र	त	क
क	◌ो	न	◌े	◌्	ट	ग	ब	च	च	स	ध	त	◌ा
व	र	◌्	ग	ष	र	ठ	आ	ट	ख	फ	ह	ट	र
इ	भ	घ	ए	ए	य	ड	श	ऊ	ठ	उ	ठ	ब	ण

चाप
सिलेंडर
वृत्त
वक्र
त्रिकोण
कोने
पक्ष
शंकु
घन

रेखा
अंडाकार
पिरामिड
प्रिज्म
किनारों
आयत
गोल
बहुभुज
वर्ग

14 - Astronomie

न	न	ल	द	न	ब	ब	ड	ध	श	उ	घ	छ	म
◌ि	य	त	◌ू	य	द	◌्	ध	ल	फ	ल	ब	ढ	व
ह	ए	ठ	र	ड	च	ह	र	ञ	न	◌्	र	म	◌ि
◌ा	उ	प	ब	च	◌ा	ख	ष	ह	आ	क	◌ा	श	क
र	प	ह	◌ी	इ	◌ॅ	भ	द	ह	◌्	◌ा	न	ब	◌ि
◌ि	ग	ञ	न	भ	द	त	◌ा	र	◌ा	म	य	य	र
क	◌्	ष	◌ु	द	◌्	र	ग	◌्	र	ह	◌ा	ञ	ण
◌ा	र	र	◌ा	श	◌ि	प	व	◌ि	ष	◌ु	व	◌ं	भ
ह	ह	◌ॉ	ग	◌्	र	ह	फ	◌े	स	ण	भ	ग	ड
थ	व	क	प	◌ृ	थ	◌्	व	◌ी	ध	◌ं	ब	ख	उ
व	स	◌े	न	क	◌्	ष	त	◌्	र	श	स	न	म
ञ	घ	ट	ऊ	आ	ऊ	ह	घ	श	आ	ञ	◌ा	◌ा	ह
ख	ग	◌ो	ल	व	◌ि	ज	◌्	ञ	◌ा	न	◌ी	ल	र
ग	◌ु	र	◌ु	त	◌्	व	◌ा	क	र	◌्	ष	ण	◌ा

पृथ्वी
क्षुद्रग्रह
खगोल विज्ञानी
राशि
विषुव
आकाश
ब्रह्मांड
चाँद
उल्का
निहारिका
वेधशाला
ग्रह
रॉकेट
उपग्रह
तारा
नक्षत्र
विकिरण
दूरबीन
संसार
गुरुत्वाकर्षण

15 - Emoties

श	इ	ल	न	ड	घ	ब	श	त	ह	ण	य	ण	ड
आ	द	द	ड	ढ	र	च	◌ा	उ	थ	आ	छ	छ	ए
ल	श	प	र	म	◌ा	न	◌ं	द	ब	ञ	म	स	ट
प	◌ा	◌्	क	◌ो	म	ल	त	◌ा	ए	घ	प	ण	ब
ण	◌ं	य	च	श	ट	आ	ि◌	स	त	ध	ब	प	◌ो
द	त	◌ा	ठ	र	स	ए	भ	◌ी	ह	न	द	ह	र
य	फ	र	ढ	◌्	◌्	◌ं	उ	◌ा	ग	ह	ब	र	ि◌
◌ा	ल	ख	ऊ	म	थ	य	त	ह	र	◌्	ष	◌ा	य
ल	ष	ञ	ष	ि◌	र	ह	घ	◌ु	उ	◌ी	ल	ह	त
◌ु	ठ	ह	य	◌ं	श	उ	न	फ	ष	त	ण	त	द
त	ष	ब	ठ	द	इ	इ	ऊ	य	क	◌्	र	◌ो	ध
◌ा	ढ	स	ह	◌ा	न	◌ु	भ	◌ू	त	ि◌	ट	ऊ	ट
भ	छ	ढ	थ	भ	थ	ह	त	प	ट	घ	त	न	श
प	ऊ	ड	न	ए	ब	छ	द	उ	इ	उ	ख	ग	त

डर
शर्मिंदा
आभारी
उदासी
परमानंद
शांत
प्यार
राहत
सहानुभूति
कोमलता
संतुष्ट
आश्चर्य
बोरियत
शांति
हर्ष
दयालुता
क्रोध

16 - Vakantie #2

प	◌ा	स	प	◌ो	र	◌्	ट	◌ै	क	◌्	स	◌ी	ड
ड	छ	ड	ऊ	स	म	◌ु	द	◌्	र	थ	द	ब	◌े
ग	स	श	फ	व	म	छ	◌ु	ट	◌्	ट	◌ी	य	र
अ	व	क	◌ा	श	प	◌ु	प	आ	फ	त	य	स	◌ा
आ	◌ि	इ	उ	ख	र	छ	द	स	उ	◌ं	ग	द	ड
छ	द	ख	स	त	◌ि	आ	द	◌्	ह	ब	र	◌्	◌ा
ए	◌े	इ	आ	ञ	व	◌ी	ज	◌ा	र	◌ू	ढ	व	ल
ग	श	व	ग	ख	ह	ञ	य	ग	ण	त	स	◌ी	न
ख	◌ं	ल	थ	ऊ	न	ण	फ	थ	ब	स	ट	प	◌ा
ञ	ब	त	न	ह	व	◌ा	ई	अ	ड	◌्	ड	◌ा	थ
ह	व	त	व	◌ि	द	◌े	श	◌ी	न	क	◌्	श	◌ा
प	◌ो	आ	उ	◌्	भ	◌ो	ज	न	◌ा	ल	य	व	ह
च	ख	ट	थ	ञ	य	◌ा	त	◌्	र	◌ा	छ	ग	ह
इ	च	ख	ल	त	आ	र	क	◌्	ष	ण	ढ	ऊ	श

गंतव्य
विदेशी
विदेश
द्वीप
होटल
नक्शा
डेरा डालना
हवाई अड्डा
पासपोर्ट
यात्रा
आरक्षण
भोजनालय
समुद्र तट
टैक्सी
तंबू
छुट्टी
परिवहन
वीजा
अवकाश
समुद्र

17 - Weersomstandigheden

द	ग	र	द	इ	ढ	उ	उ	आ	आ	क	◌ा	श	ध
ल	र	च	फ	ब	◌ं	ड	छ	स	◌ं	च	ञ	ञ	◌्
ठ	ज	स	ए	स	ब	द	ग	थ	ब	ध	स	ज	र
ग	स	त	ष	ढ	म	ह	◌्	त	ड	र	◌ी	ल	◌ु
ध	◌ू	द	द	ल	थ	ष	इ	र	फ	उ	ह	व	व
व	ख	छ	म	ण	ठ	ध	फ	भ	ध	र	र	◌ा	◌ी
त	◌ा	प	म	◌ा	न	ब	र	◌्	फ	न	स	य	य
◌ू	न	य	ब	च	म	◌ा	न	स	◌ू	न	◌ु	◌ु	त
फ	ऊ	इ	◌ु	स	ख	ढ	ह	आ	ट	ए	व	ष	ट
◌ा	ब	र	ख	म	ब	◌़	व	क	ब	◌ि	ज	ल	◌ी
न	स	ण	र	ञ	◌ं	थ	◌ा	◌ो	ब	व	◌ं	ड	र
म	श	त	य	च	र	ड	ढ	ह	ब	◌ा	द	ल	व
ब	य	थ	ख	ए	आ	च	ल	र	ब	च	ल	व	च
ञ	छ	ढ	श	ऊ	म	उ	स	◌ा	ध	ड	य	ग	इ

वायुमंडल
बिजली
गरज
सूखा
आकाश
बर्फ
जलवायु
कोहरा
मानसून
तूफान
बाढ़
ध्रुवीय
इंद्रधनुष
आंधी
तापमान
बवंडर
नम
हवा
बादल

18 - Strand

थ	ड	च	ञ	न	ढ	ग	द	ञ	म	ख	उ	इ	ठ
न	त	ए	ट	द	भ	◌ो	द	◌्	श	ड	ठ	ठ	ख
स	म	◌ु	द	◌्	र	ल	इ	ठ	व	न	घ	ग	भ
◌ै	छ	इ	ह	र	ट	◌े	फ	उ	त	◌ी	त	ख	द
◌ं	न	ग	य	क	छ	◌ा	त	◌ा	प	स	प	ब	द
ड	◌ा	इ	ए	◌े	ग	त	न	◌ी	ल	◌ा	फ	व	ध
ल	व	छ	फ	क	प	ट	◌ौ	छ	◌ु	ट	◌्	ट	◌ी
म	स	ख	ख	ड	ध	ग	ण	ल	स	◌ू	र	◌्	य
स	◌ा	ग	र	◌़	ञ	ब	त	◌ै	◌ि	त	र	उ	स
◌े	श	◌ो	थ	◌ा	ख	श	ञ	ग	श	य	उ	द	न
ल	ऊ	द	ल	र	म	घ	छ	◌ू	उ	ट	◌ा	च	ञ
ब	भ	◌ी	म	त	फ	आ	श	न	द	न	छ	ठ	ढ
◌ो	छ	प	ञ	म	स	इ	आ	ष	छ	न	ढ	ण	ख
ट	ब	च	ऊ	उ	ऊ	ह	र	◌े	त	ष	उ	ण	र

नीला
नाव
गोदी
द्वीप
तौलिया
केकड़ा
तट
लैगून
सागर
छाता
चट्टान
सैंडल
गोले
छुट्टी
रेत
समुद्र
सेलबोट
सूर्य

19 - Eten #2

क	र	थ	घ	ध	ब	ह	ख	फ	घ	ढ	अ	ष	प
◌े	◌ौ	य	अ	न	न	◌्	न	◌ा	स	छ	◌ं	ञ	त
ल	ड	व	द	ह	◌ी	श	र	◌ो	ट	◌ी	ग	ब	ऊ
◌ा	छ	ढ	◌ी	◌ै	व	ट	ट	◌ो	ग	ए	◌ू	◌ै	ए
छ	ञ	ठ	थ	म	भ	म	म	इ	क	म	र	◌ं	म
र	उ	ए	म	घ	ठ	छ	◌ा	ब	द	◌ो	म	ग	ऊ
ध	घ	थ	ष	श	च	ल	ट	भ	प	ब	ल	न	ल
ब	◌ा	द	◌ा	म	ष	◌ी	र	य	न	ब	ठ	◌ी	श
अ	◌ं	ड	◌ा	ठ	ग	थ	ल	आ	◌ी	ड	ख	उ	त
ऊ	घ	त	व	ड	स	◌े	ब	ड	र	च	च	ड	◌ा
घ	ब	ध	च	◌ि	क	न	ह	◌़	ए	ध	ण	श	व
ए	व	ग	◌ा	इ	ढ	आ	व	◌ू	ट	ब	द	ठ	र
इ	ठ	त	व	य	स	उ	ग	भ	◌ँ	श	ड	त	◌ी
ण	ष	ब	ल	ध	ध	ञ	ञ	ध	घ	म	इ	द	ए

बादाम
अनन्नास
सेब
शतावरी
बैंगन
केला
ब्रोकोली
रोटी
अंगूर
अंडा

हैम
पनीर
चिकन
कीवी
आड़
चावल
गेहूँ
टमाटर
मछली
दही

20 - Klimmen

ढ	त	प	प	ऊ	फ	च	त	न	त	ट	व	ख	ब
ऊ	छ	व	ए	◌्	◌ं	च	◌ो	ट	◌ा	ठ	◌ि	ज	आ
न	क	◌्	श	◌ा	र	च	श	इ	क	ब	श	◌ि	य
भ	◌ू	भ	◌ा	ग	भ	श	◌ा	ध	त	भ	◌े	ज	घ
ख	ध	त	ण	ग	स	श	◌ि	ई	ट	द	ष	◌्	ण
ह	व	घ	ध	ड	◌्	ष	◌ा	क	व	ञ	ज	ञ	र
म	उ	ण	त	म	थ	ण	ट	र	◌्	छ	◌्	◌ा	ञ
च	◌ु	न	◌ौ	त	◌ि	य	◌ो	◌ं	◌ी	ष	ञ	स	घ
ढ	ठ	स	थ	द	र	च	ह	ध	र	र	ण	◌ा	ञ
ग	◌ु	फ	◌ा	छ	त	म	ड	ञ	र	थ	◌ि	ग	ध
ग	◌ा	इ	ड	ण	◌ा	ह	◌े	ल	म	◌े	ट	क	ब
ज	◌ू	त	◌े	व	◌ा	य	◌ु	म	◌ं	ड	ल	फ	ढ
ब	च	ह	प	ग	स	◌ं	क	◌ी	र	◌्	ण	भ	ल
द	स	◌्	त	◌ा	न	◌े	ट	ष	श	ग	ब	ठ	थ

वायुमंडल
विशेषज्ञ
शारीरिक
गाइड
गुफा
दस्ताने
हेलमेट
ऊंचाई
नक्शा

ताकत
जूते
चौट
जिज्ञासा
प्रशिक्षण
संकीर्ण
स्थिरता
भूभाग
चुनौतियों

21 - Restaurant #1

व	ग	च	य	ऊ	ख	आ	द	ट	ए	आ	म	स	म
त	ख	श	भ	◌ो	ज	न	र	ट	ल	ख	◌ि	◌ा	स
ड	स	इ	फ	र	◌ा	त	उ	क	र	ए	ठ	म	◌ा
च	ण	ग	भ	त	◌ं	र	प	श	◌्	थ	◌ा	ग	ल
ट	◌ि	ब	स	ड	च	◌ो	छ	ऊ	ज	ष	ई	◌्	◌े
न	स	क	ग	ड	◌ी	ट	ख	ए	◌ी	य	ण	र	द
◌ी	र	थ	न	ण	प	◌ी	क	ट	◌ो	र	◌ा	◌ी	◌ा
म	◌े	न	◌्	य	◌ू	ध	ष	ग	भ	घ	ख	ष	र
स	ठ	ऊ	◌ै	ष	ए	म	ञ	छ	प	आ	र	छ	ध
य	श	थ	प	प	ण	ध	द	न	स	ष	थ	प	घ
र	छ	ए	व	ग	क	◌ॉ	फ	◌़	◌ी	ह	द	◌्	च
छ	ष	ञ	म	ब	ल	◌ि	ष	उ	र	ग	ह	ल	◌ा
व	◌े	ट	◌्	र	◌े	स	न	म	◌ा	◌ं	स	◌े	क
भ	ञ	ब	इ	ऊ	ण	घ	र	स	◌ो	ई	स	ट	◌ू

एलर्जी
प्लेट
रोटी
सामग्री
खजांची
रसोई
चिकन
कॉफ़ी
कटोरा
मेन्यू
चाकू
मसालेदार
आरक्षण
चटनी
वेट्रेस
नैपकिन
मिठाई
मांस
भोजन

22 - Geologie

ज	ए	स	◌ि	ड	थ	ढ	ह	ए	ब	घ	आ	र	त
◌्	न	क	◌्	र	◌ि	स	◌्	ट	ल	प	ठ	◌ा	र
व	म	◌्	ख	ट	आ	ऊ	ढ	ट	ज	भ	भ	प	ख
◌ा	क	व	फ	न	◌ै	घ	च	ल	◌ी	◌ू	उ	◌ि	क
ल	◌्	◌ा	ट	ए	◌ि	ल	व	र	व	क	ब	घ	◌ै
◌ा	ष	र	ञ	त	उ	ज	◌े	य	◌ा	◌ं	त	ल	ल
म	◌े	◌्	ग	◌ु	फ	◌ा	त	क	श	प	आ	◌ा	◌्
◌ु	त	ट	ह	त	म	म	म	म	◌्	ल	म	ह	श
ख	◌्	◌्	ख	म	ख	ऊ	ह	◌ू	म	ट	द	◌ु	◌ि
◌ी	र	ज	स	म	घ	क	थ	◌ं	च	फ	◌ि	आ	य
आ	द	प	ध	ञ	फ	प	ट	ग	छ	द	भ	ट	म
ल	◌ा	व	◌ा	ठ	ष	ञ	ह	◌ा	प	त	◌्	थ	र
श	ध	म	द	म	ह	◌ा	द	◌्	व	◌ी	प	र	त
र	ट	स	ञ	ष	छ	घ	ऊ	ह	स	भ	उ	न	घ

भूकंप
कैल्शियम
महाद्वीप
कटाव
जीवाश्म
पिघला हुआ
गुफा
मूंगा
क्रिस्टल
क्वार्ट्ज
परत
लावा
खनिज
पठार
स्टैलेक्टिट
पत्थर
ज्वालामुखी
क्षेत्र
नमक
एसिड

23 - Specerijen

च	इ	आ	द	ब	स	ऊ	ड	ए	म	व	य	द	अ
ण	ल	य	भ	भ	श	ट	छ	त	म	ष	ह	◌ा	द
ध	◌ा	न	म	क	ए	ध	ब	ख	ठ	◌े	इ	ल	र
ल	य	द	ष	इ	घ	ट	द	थ	ठ	इ	थ	च	क
त	च	ध	ख	ल	ह	आ	ठ	फ	ढ	क	र	◌ी	ड
प	◌ी	न	थ	स	प	ऊ	ण	ल	ह	स	◌ु	न	◌़
फ	◌्	◌ि	ए	र	◌ौ	छ	ध	ड	इ	य	ञ	◌ी	व
ज	◌ा	य	फ	ल	न	◌ं	ध	ख	ष	ण	ट	स	◌ा
क	इ	◌ा	◌ा	ऊ	व	ट	फ	ल	◌ौ	◌ं	ग	◌्	म
◌े	थ	ब	आ	ज	ह	ल	◌्	द	◌ी	य	फ	व	◌ि
स	म	◌ि	र	◌्	च	फ	ञ	द	त	ह	ठ	◌ा	ठ
र	ह	ब	उ	ज	◌ी	र	◌ा	य	ए	घ	ह	द	◌ा
छ	व	न	◌ी	ल	◌ा	न	य	न	ख	उ	घ	प	ई
ष	भ	घ	फ	ठ	स	घ	व	व	म	ऊ	द	आ	ठ

कड़वा
मेथी
अदरक
दालचीनी
इलायची
करी
लहसुन
जीरा
धनिया
लौंग

हल्दी
जायफल
मिर्च
केसर
स्वाद
प्याज
वनीला
सौंफ
मिठाई
नमक

24 - Groenten

प	ग	म	श	र	◌ू	म	अ	द	र	क	अ	ए	घ
ध	◌ा	◌ू	र	ए	फ	ट	म	◌ा	ट	र	ज	ए	ण
ह	ज	ल	ठ	प	उ	र	छ	ब	न	म	म	ब	ब
म	र	◌ी	क	ग	ण	ह	आ	ठ	छ	ग	◌ो	ग	◌्
स	च	म	ग	र	छ	र	ब	ष	ण	ढ	द	प	र
भ	च	द	ञ	ट	फ	ध	ड	ल	ज	ब	ए	◌्	◌ो
अ	ज	व	◌ा	इ	न	ण	व	ञ	◌ै	ष	इ	य	क
ब	◌ै	◌ं	ग	न	च	उ	ट	ऊ	त	क	स	◌ा	◌ो
ह	◌ा	थ	◌ी	च	क	ड	आ	ल	◌ू	द	थ	ज	ल
ल	थ	इ	ब	ह	उ	ऊ	ह	ऊ	न	◌्	उ	छ	◌ी
ढ	ह	ख	◌ी	र	◌ा	इ	त	श	द	द	भ	न	त
ण	म	स	ल	◌ा	द	घ	ह	ष	ल	◌ू	ब	न	ग
य	उ	ए	◌ु	ण	छ	घ	ऊ	स	श	ज	आ	ट	भ
ग	प	र	ढ	न	ह	ल	श	छ	ट	उ	म	ल	ख

आलू
हाथी चक
बैंगन
ब्रोकोली
मटर
अदरक
लहसुन
खीरा
जैतून
मशरूम

अजमोद
कद्दू
शलजम
मूली
सलाद
अजवाइन
पालक
टमाटर
प्याज
गाजर

25 - Dans

प	र	◌ं	प	र	◌ा	ग	त	ठ	ह	ठ	ग	ए	श
ग	स	क	ध	म	ल	छ	ख	र	ड	ष	स	ख	◌ा
त	◌ा	ल	द	◌ृ	श	◌्	य	ञ	त	ण	न	छ	स
ए	फ	◌ा	ट	स	आ	छ	ठ	स	ड	ह	◌ृ	ल	◌्
ग	ह	ध	ट	म	स	◌ं	स	◌्	क	◌ृ	त	◌ि	त
व	त	भ	ण	ख	न	आ	◌ा	आ	◌ृ	म	◌्	ब	◌्
श	ए	◌ि	◌ा	फ	ध	व	◌ं	ष	प	न	य	ट	र
ट	भ	आ	य	व	ए	ऊ	स	अ	◌ा	ञ	क	ह	◌ी
स	◌ा	थ	◌ी	प	न	द	◌्	क	ड	ञ	ल	ऊ	य
उ	ग	ठ	श	घ	ठ	◌ा	क	◌ा	स	इ	◌ा	थ	ग
र	◌ि	ह	र	◌्	स	ल	◌ृ	द	◌ू	◌ं	य	छ	द
ए	आ	ढ	ष	ह	श	ड	त	म	च	ख	ग	घ	च
प	ए	इ	य	ट	ध	न	◌ि	◌ी	क	श	र	◌ी	र
व	ध	ब	म	द	आ	ए	क	ह	र	◌्	ष	◌ि	त

अकादमी
गति
हर्षित
नृत्यकला
सांस्कृतिक
संस्कृति
भावना
सूचक
कृपा
आसन
शास्त्रीय
कला
शरीर
संगीत
साथी
रिहर्सल
ताल
परंपरागत
दृश्य

26 - Sport

त	ज	ख	व	ल	र	ख	ख	ट	ढ	ह	ब	व	स
ग	त	◌ि	ध	य	म	ख	आ	◌े	र	ख	◌े	◌्	◌ा
◌ो	भ	ल	म	थ	स	उ	ग	न	ल	ग	स	य	इ
ल	य	◌ा	क	न	ब	ञ	ठ	◌ि	ञ	ए	ब	◌ा	क
◌्	थ	ड	◌ो	ब	◌ा	ऊ	ढ	स	ड	ह	◌ॉ	य	◌ि
फ	ष	◌़	च	प	र	स	ग	ख	भ	◌ॉ	ल	◌ा	ल
स	ब	◌ी	म	उ	ह	द	◌्	न	इ	क	आ	म	थ
व	◌ि	ज	◌े	त	◌ा	आ	घ	ट	ध	◌ी	आ	श	द
प	व	र	फ	स	◌्	ट	◌े	ड	◌ि	य	म	◌ा	ध
ब	◌ा	स	◌्	क	◌े	ट	ब	◌ॉ	ल	क	श	ल	र
च	◌ै	म	◌्	प	◌ि	य	न	श	◌ि	प	ट	◌ा	ह
ष	व	ड	ण	ड	उ	च	ग	र	◌े	फ	र	◌ी	ख
श	व	ग	न	ष	म	घ	ऊ	ष	र	प	ग	ट	म
ढ	घ	ग	ढ	य	म	ञ	ख	प	ब	ब	ऊ	ह	स

बास्केटबॉल
गति
साइकिल
गोल्फ
व्यायामशाला
जिमनास्टिक
हॉकी
बेसबॉल
चैम्पियनशिप
रेफरी
खेल
खिलाड़ी
स्टेडियम
टीम
टेनिस
कोच
विजेता

27 - Mythologie

ष	ष	म	स	व	न	ञ	ख	ज	उ	व	थ	ख	ह
य	ठ	आ	◌्	त	◌ा	ठ	ढ	द	◌ं	त	क	थ	◌ा
म	◌ो	प	व	◌्	य	व	ह	◌ा	र	त	त	अ	न
◌ू	ब	द	र	ख	◌ि	श	ध	र	त	◌ा	◌ु	म	श
ल	द	◌ा	◌्	त	क	ल	ण	स	न	क	व	र	◌्
र	ल	ब	ग	ध	◌ा	ऊ	श	ख	थ	त	ठ	त	व
◌ू	◌ा	◌ि	स	ए	◌ा	इ	ध	व	र	इ	ठ	◌ा	र
प	ग	ज	◌ं	फ	आ	ह	व	ए	◌ा	स	स	इ	र
आ	र	ल	स	◌ृ	ज	न	◌ा	य	क	ञ	ठ	श	व
द	ज	◌ौ	◌्	ट	ण	भ	ई	र	◌्	ष	◌्	य	◌ा
र	ध	इ	क	ह	द	छ	ण	प	ष	ण	ष	छ	फ
◌्	इ	ए	◌ृ	प	ष	ह	श	आ	स	ण	द	ढ	ञ
श	ड	ह	त	भ	◌ू	ल	भ	◌ु	ल	◌ै	य	◌ा	ध
ञ	व	ध	◌ि	ध	ग	य	आ	व	ड	आ	छ	द	ल

मूलरूप आदर्श
बिजली
सृजन
संस्कृति
गरज
भूलभुलैया
व्यवहार
नायक
नायिका
स्वर्ग
ईर्ष्या
ताकत
योद्धा
दंतकथा
राक्षस
अमरता
आपदा
नश्वर
जंतु
बदला

28 - Eten #1

द	स	न	ज	द	न	छ	ऊ	द	ट	ब	ध	त	च
र	◌्	◌ा	◌ी	◌ौ	ख	स	व	◌ा	म	ढ	न	ह	उ
स	ट	श	ख	◌ं	◌ु	ठ	स	ल	◌ा	द	थ	आ	उ
ग	◌्	प	ऊ	घ	ब	म	ग	च	◌ं	ढ	ञ	ध	छ
य	र	◌ा	ऊ	ट	◌ा	◌ू	◌ा	◌ी	स	◌ू	प	ञ	प
श	◌ॉ	त	इ	ह	न	◌ं	ज	न	उ	ल	◌्	त	म
ख	ब	◌ी	आ	ञ	◌ी	ग	र	◌ी	ऊ	ह	य	ष	प
भ	◌े	ट	◌ू	न	◌ा	फ	ढ	छ	य	स	◌ा	व	व
र	र	प	आ	त	◌ु	ल	स	◌ी	उ	◌ु	ज	द	ह
द	◌ी	प	ण	ऊ	न	◌ी	त	इ	ध	न	म	क	ए
स	◌ू	उ	म	ह	ञ	ञ	य	फ	छ	ग	ष	त	न
ब	घ	ध	श	स	त	श	ठ	र	आ	ष	आ	ल	ग
प	◌ा	ल	क	प	च	ट	न	ह	म	ठ	भ	इ	व
प	थ	य	व	इ	आ	ऊ	च	◌ी	न	◌ी	फ	ञ	ख

स्ट्रॉबेरी
खुबानी
तुलसी
नींबू
जौ
दालचीनी
लहसुन
दूध
नाशपाती
मूंगफली
सलाद
रस
सूप
पालक
चीनी
टूना
प्याज
मांस
गाजर
नमक

29 - Avontuur

स	थ	आ	च	क	ठ	ि	न	ा	ई	प	ब	च	द
ु	छ	ड	ु	अ	स	ा	म	ा	न	्	य	प	ो
र	ञ	ष	न	ढ	व	ट	ष	ग	ऊ	र	य	त	स
क	स	इ	ौ	व	ी	र	त	ा	ध	क	भ	ै	्
्	ु	ख	त	र	न	ा	क	ढ	ग	ृ	म	य	त
ष	ं	च	ि	फ	ग	घ	ग	ठ	द	त	ौ	ा	ो
ा	द	ख	य	ा	त	्	र	ा	च	ि	क	र	ं
उ	र	त	ो	ठ	ि	भ	्	र	म	ण	ा	ौ	श
ब	त	ग	ं	त	व	्	य	ह	र	्	ष	ट	ऊ
त	ा	्	च	ह	ि	प	न	द	ए	ल	म	छ	उ
त	ण	च	स	र	ध	ल	द	न	इ	छ	थ	स	ग
स	न	ह	आ	ा	ि	थ	ष	इ	य	ष	उ	घ	ख
व	ए	र	र	ष	ह	फ	ध	ध	त	ा	ट	छ	ट
प	थ	प	्	र	द	र	्	श	न	भ	उ	ल	व

गातोवोधे
गंतव्य
उत्साह
भ्रमण
खतरनाक
मौका
वीरता
कठिनाई
प्रकृति
पथ प्रदर्शन
नया
असामान्य
यात्रा
सुंदरता
चुनौतियों
सुरक्षा
तैयारी
हर्ष
दोस्तों

30 - Circus

ज	न	ट	ञ	द	श	ब	ढ	स	छ	ख	प	ए	इ
◌ा	◌ो	◌ि	ल	र	◌े	◌ं	स	◌ं	छ	ल	◌ो	च	ट
द	ब	क	प	◌्	र	द	त	ग	ठ	ख	श	य	आ
◌ू	छ	ट	र	श	घ	र	◌ं	◌ी	म	ग	◌ा	ग	ख
ग	ठ	ष	◌े	क	ए	द	ब	त	न	◌ु	क	थ	म
र	फ	ग	ड	ठ	ह	ञ	◌ू	य	◌ो	ब	ट	फ	उ
ज	◌ा	न	व	र	◌ो	◌ं	ल	ल	र	◌्	श	ख	क
ष	उ	च	व	प	इ	द	त	ग	◌ं	ब	ष	आ	◌ै
ह	ल	ञ	थ	द	ण	स	त	ड	ज	◌ा	द	◌ू	◌ं
◌ा	ब	◌ा	ज	◌ी	ग	र	ह	स	न	र	ड	र	ड
थ	भ	ठ	म	थ	ल	म	ष	ल	छ	◌े	ध	य	◌ी
◌ी	ब	च	ष	आ	इ	ह	भ	य	न	ह	म	च	प
ग	द	◌ा	भ	ण	त	र	त	भ	ण	ढ	ह	ख	ल
ध	ण	श	घ	ष	म	फ	ल	ध	फ	स	ष	ल	ञ

बंदर
नट
गुब्बारे
जोकर
जानवरों
जादूगर
बाजीगर
टिकट
पोशाक
शेर
जादू
संगीत
हाथी
परेड
कैंडी
तंबू
बाघ
दर्शक
छल
मनोरंजन

31 - Restaurant #2

व	ष	उ	प	छ	च	न	म	क	ष	ठ	ढ	प	स
ड	थ	ष	ष	घ	म	ष	◌ू	ख	म	ञ	स	◌ा	ब
स	ञ	क	◌ु	र	◌्	स	◌ौ	ड	छ	ऊ	◌ू	न	◌्
प	थ	च	म	इ	म	◌्	अ	ह	ल	इ	प	◌ौ	ज
ब	र	◌्	फ	प	च	व	द	◌ं	◌ौ	◌्	ख	र	◌ि
क	स	भ	क	घ	ण	◌ा	ग	ष	ड	व	स	◌ा	य
ऊ	◌ा	ट	◌े	घ	ग	द	थ	व	श	◌े	र	त	◌ा
त	म	◌ं	क	ऊ	द	◌ि	ड	भ	इ	फ	प	क	◌ं
ट	न	घ	ट	ब	ग	ष	घ	ष	य	प	ल	◌ा	ब
व	थ	ऊ	भ	◌ा	स	◌्	ञ	प	त	प	र	ख	ए
ख	भ	प	◌े	य	ल	ट	फ	थ	ड	स	म	◌ा	ष
व	◌े	ट	र	घ	◌ा	प	ल	ढ	ञ	न	ख	न	ब
म	स	◌ा	ल	◌े	द	भ	ए	फ	ए	ब	ध	◌ा	ढ
द	◌ो	प	ह	र	क	◌ा	भ	◌ो	ज	न	ह	थ	ठ

केक
रात का खाना
पेय
अंडे
फल
सब्जियां
स्वादिष्ट
बर्फ
चम्मच
दोपहर का भोजन
नूडल्स
वेटर
सलाद
सूप
मसाले
कुर्सी
मछली
कांटा
पानी
नमक

32 - Bijen

व	प	च	घ	द	भ	च	र	श	ढ	ड	श	भ	घ
ध	र	ऊ	व	आ	भ	त	फ	श	इ	ह	ऊ	ह	प
◌ु	◌ा	ऊ	छ	ब	आ	द	छ	ड	ए	ञ	छ	थ	द
आ	ग	ण	व	भ	प	◌ौ	ध	◌े	ब	ऊ	फ	ख	ब
◌ँ	ट	व	म	◌ो	म	फ	ख	म	ञ	ण	य	थ	ग
स	ट	छ	छ	ज	ञ	व	ल	◌ा	भ	क	◌ा	र	◌ी
व	◌ू	ऊ	ड	न	थ	फ	◌ू	ल	र	◌ा	न	◌ी	च
ठ	व	र	ट	स	ढ	थ	व	◌ि	व	◌ि	ध	त	◌ा
ब	न	भ	◌्	छ	व	ट	द	ट	प	◌ं	ख	ध	ञ
थ	य	ख	ब	य	ध	ञ	स	व	उ	ल	◌ि	ग	इ
ऊ	ए	श	ऊ	ढ	झ	◌ु	◌ं	ड	ल	आ	ल	ठ	म
ण	स	ल	ऊ	व	र	प	श	आ	भ	ध	न	श	ञ
ल	प	र	◌ा	ग	ण	क	◌ी	ट	इ	द	◌ा	ढ	ण
थ	य	न	ऊ	ख	थ	भ	छ	त	◌्	त	◌ा	म	थ

परागणक
छत्ता
फूल
खिलना
विविधता
फल
शहद
कीट
रानी
पौधे
धुआँ
पराग
बगीचा
पंख
भोजन
लाभकारी
मोम
सूर्य
झुंड

33 - School #1

थ	प	ग	ध	ए	म	प	र	◌ी	क	◌्	ष	◌ा	व
स	◌े	ऊ	प	च	ब	ज	उ	ञ	श	ग	ड	ष	र
ट	◌ं	छ	◌ु	ऊ	ञ	ख	◌़	म	ड	ण	आ	छ	◌्
ल	स	ख	स	श	ह	द	छ	◌ा	ड	◌ि	घ	प	ण
ञ	◌ि	ण	◌्	क	क	◌्	ष	◌ा	◌े	त	फ	◌ु	म
ञ	ल	ञ	त	य	ध	ध	ग	त	स	ख	त	स	◌ा
ज	स	व	क	ल	◌ा	श	◌ि	क	◌्	ष	क	◌्	ल
व	ढ	घ	◌ा	भ	ख	ए	य	◌ा	क	ख	ष	त	◌ा
◌ा	व	क	ल	ष	द	स	◌ॅ	ग	ठ	ल	ब	क	घ
ब	इ	◌ु	य	स	ह	छ	द	ज	य	द	म	◌े	ए
प	◌्	र	श	◌्	न	◌ो	त	◌्	त	र	◌ी	◌ं	छ
श	र	◌्	द	◌ो	प	ह	र	क	◌ा	भ	◌ो	ज	न
स	ल	स	य	थ	फ	◌़	◌ो	ल	◌्	ड	र	ह	य
ढ	व	◌ी	द	◌ो	स	◌्	त	◌ो	◌ं	य	भ	श	ह

वणमाला
जवाब
पुस्तकालय
पुस्तकें
डेस्क
संख्याएँ
परीक्षा
कक्षा
शिक्षक
दोपहर का भोजन
फ़ोल्डर
कागज
कलम
मज़ा
पेंसिल
प्रश्नोत्तरी
कुर्सी
दोस्तों
गणित

34 - Wandelen

ऊ	प	ल	म	व	न	क	◌्	श	◌ा	ढ	द	प	घ
ध	◌ा	उ	च	श	ब	ड	ज	◌ि	ख	श	ध	◌्	थ
च	र	व	◌्	न	ए	श	ल	ख	प	न	ष	र	घ
ट	◌्	ढ	छ	फ	य	र	व	र	ड	म	य	क	ढ
◌्	क	प	र	थ	म	प	◌ा	स	ऊ	ड	व	◌ृ	ञ
ट	इ	म	◌ो	क	भ	ध	य	म	ञ	ह	ज	त	त
◌ा	ख	ज	◌ं	ग	ल	◌ी	◌ु	◌्	ऊ	ख	◌ा	◌ि	◌ै
न	प	ल	ऊ	य	ड	छ	प	म	ख	फ	न	थ	य
प	◌ा	न	◌ी	◌ा	न	न	ह	◌े	श	त	व	छ	◌ा
त	स	◌ू	र	◌्	य	ड	◌ा	ल	स	ञ	र	छ	र
भ	◌ा	र	◌ी	ऊ	घ	ष	ड	न	ज	र	◌ो	◌ो	◌ी
ऊ	र	प	त	◌्	थ	र	◌़	ण	ग	◌ू	◌ं	च	◌ं
ड	◌े	र	◌ा	ड	◌ा	ल	न	◌ा	न	त	त	फ	ड
अ	भ	◌ि	व	◌ि	न	◌्	य	◌ा	स	ण	ट	◌े	र

पहाड़
जानवरों
खतरों
नक्शा
डेरा डालना
चट्टान
जलवायु
जूते
थक गया
मच्छरों
प्रकृति
अभिविन्यास
पार्क
पत्थर
शिखर सम्मेलन
तैयारी
पानी
जंगली
सूर्य
भारी

35 - Ecologie

प	◌्	र	क	◌ृ	त	◌ि	प	◌ौ	ध	◌े	प	उ	व
◌्	ह	ग	ष	ञ	ऊ	च	◌्	छ	म	च	ण	त	◌ै
र	ञ	◌ा	ध	श	ढ	ञ	र	ख	ध	र	ट	◌्	श
◌ा	भ	व	ड	द	फ	य	ज	व	ख	ध	◌ि	त	◌्
क	थ	व	ल	◌़	घ	र	◌ा	न	फ	आ	क	र	व
◌ृ	प	◌ि	र	घ	◌ो	द	त	स	◌ू	ख	◌ा	ज	◌ि
त	श	व	श	ल	प	◌ं	◌ि	◌्	ग	द	ऊ	◌ी	क
◌ि	◌ु	◌ि	स	ठ	द	व	य	प	स	ड	ऊ	व	थ
क	ण	ध	ण	द	ज	ठ	◌ा	त	म	ह	य	◌ि	ध
ठ	इ	त	छ	भ	ल	आ	◌ं	◌ि	◌ु	ट	थ	त	त
व	आ	◌ा	ड	इ	व	द	ल	घ	द	च	भ	◌ा	म
भ	ध	व	स	ड	◌ा	न	ल	ञ	◌्	ब	म	ब	न
स	म	◌ु	द	◌ा	य	ड	य	ऊ	र	ढ	र	द	म
ड	ध	द	फ	त	◌ु	ड	ब	आ	◌ी	च	प	प	ऊ

पहाड़ों
विविधता
सूखा
टिकाऊ
पशु
समुदाय
वैश्विक
जलवायु
समुद्री
दलदल
प्रकृति
प्राकृतिक
उत्तरजीविता
पौधे
प्रजातियां
वनस्पति

36 - Installaties

ध	ऊ	ह	आ	इ	व	◌ी	ल	ह	र	ट	च	ग	आ
ल	य	व	ल	ट	ब	न	उ	र	◌्	व	र	क	ब
ध	ठ	ए	ण	ल	◌ु	ख	ब	◌े	र	◌ी	त	फ	ण
ए	श	प	ल	न	श	य	◌ा	व	ष	त	ऊ	व	य
ब	इ	◌े	ब	ण	ख	म	◌ं	ए	फ	आ	ग	फ	ञ
ग	ढ	ड	इ	घ	◌ि	ग	स	न	श	ट	ढ	आ	फ
◌ी	थ	◌़	ढ	◌ा	ल	ज	ड	◌़	◌ी	ब	◌ू	ट	◌ी
च	व	ए	न	स	न	ऊ	छ	आ	ज	घ	ड	ग	क
◌ा	आ	न	ह	◌ा	◌ा	ख	श	ड	ड	ध	ए	ण	◌ै
आ	ध	ढ	स	◌े	म	क	◌ा	ई	◌़	ठ	आ	ठ	क
त	ग	ण	च	◌्	ट	ऊ	ठ	ध	ख	ड	ख	त	◌्
छ	ब	ष	व	र	प	त	◌्	त	◌ा	छ	भ	फ	ट
ञ	ख	ड	ढ	फ	प	त	◌्	त	◌े	फ	◌ू	ल	स
थ	ट	ह	इ	द	ञ	उ	◌ि	म	ष	थ	ऊ	ढ	प

बांस
बेरी
पत्ता
फूल
खिलना
पेड़
सेम
वन
कैक्टस
पत्ते

घास
बढ़ना
आइवी
जड़ी बूटी
उर्वरक
काई
बुश
बगीचा
वनस्पति
जड़

37 - School #2

ज	ब	ऊ	ढ	छ	म	इ	स	च	प	व	प	ह	प
च	◌ू	भ	ध	ष	स	◌ं	ग	ण	क	◌्	◌े	य	◌ु
घ	ट	त	स	त	◌ा	न	घ	ष	ल	य	◌ं	फ	स
ठ	थ	ध	◌े	थ	ह	म	ल	फ	म	◌ा	स	ढ	◌्
उ	प	त	ट	श	ि◌	क	◌्	ष	क	क	ि◌	ढ	त
स	व	ब	इ	ञ	त	◌ा	ण	ब	थ	र	ल	व	क
श	छ	◌ै	प	च	◌्	ग	ल	ष	द	ण	ण	ि◌	◌ा
ि◌	◌ै	ग	◌ु	ग	य	ज	प	आ	आ	ब	ऊ	ज	ल
क	ष	क	स	प	◌्	त	◌ा	ह	◌ा	◌ं	त	◌्	य
◌्	य	ष	◌्	श	ब	◌्	द	क	◌ो	श	ह	ञ	ब
ष	ग	र	त	ष	क	◌ै	ल	◌े	◌ं	ड	र	◌ा	स
◌ा	ण	भ	क	य	ि◌	व	ण	ए	द	छ	त	न	ख
ष	ि◌	र	◌े	न	ञ	क	व	ख	क	◌ै	◌ं	च	◌ी
प	त	घ	◌ं	ड	आ	इ	प	य	ब	र	ल	ग	ड

शैक्षिक
पुस्तकालय
पुस्तकें
बस
संगणक
व्याकरण
कैलेंडर
शिक्षक
साहित्य
शिक्षा
कागज
कलम
पेंसिल
बैग
कैंची
जूते
सप्ताहांत
विज्ञान
गणित
शब्दकोश

38 - Oceaan

ज	व	आ	य	श	◌ा	र	◌्	क	स	ढ	व	आ	आ
◌े	ल	ऑ	च	ग	ड	द	स	◌ी	प	ए	◌्	न	छ
ल	ह	क	य	ख	ध	ऊ	प	◌्	ऊ	झ	ह	र	थ
◌ि	र	◌्	ए	ग	र	ट	भ	ह	प	◌ी	◌े	त	श
फ	◌े	ट	न	च	ण	य	आ	घ	व	◌ं	ल	ज	द
◌़	◌ं	◌ो	◌ा	आ	◌ं	ध	◌ी	व	ट	ग	ज	◌्	च
◌ि	ख	प	व	आ	ए	थ	ट	ग	फ	◌ा	आ	व	ट
श	उ	स	म	म	छ	ल	◌ी	◌ू	ठ	श	छ	◌ा	◌्
ड	इ	प	ऊ	◌ू	छ	ल	इ	य	न	द	ट	र	ट
श	◌ै	व	◌ा	ल	◌ं	ण	व	न	इ	◌ा	ठ	उ	◌ा
द	ढ	आ	श	ए	त	ग	ड	◌ॉ	ल	◌्	फ	◌ि	न
स	थ	प	न	ञ	थ	ख	◌ा	ह	फ	ऊ	ल	आ	ल
न	म	क	फ	छ	ख	र	क	◌े	क	ड	◌़	◌ा	ढ
प	ड	क	छ	◌ु	आ	ह	ञ	इ	द	उ	न	र	घ

शैवाल
नाव
डॉल्फिन
झींगा
ज्वार
लहरें
शार्क
मूंगा
केकड़ा
जेलिफ़िश

ऑक्टोपस
सीप
चट्टान
कछुआ
स्पंज
आंधी
टूना
मछली
व्हेल
नमक

39 - Landen #2

आ	म	आ	य	न	ड	थ	य	◌ु	ग	◌ा	◌ं	ड	◌ा
य	◌े	छ	ड	◌े	न	म	◌ा	र	◌्	क	छ	ढ	ल
र	क	◌े	न	◌्	य	◌ा	स	◌ी	र	◌ि	य	◌ा	◌ा
ल	◌्	इ	◌ं	ड	◌ो	न	◌े	श	◌ि	य	◌ा	थ	इ
◌ै	स	ड	फ	◌्	र	◌ा	◌ं	स	आ	ड	च	घ	ब
◌ं	◌ि	घ	प	ध	ण	इ	ल	ढ	छ	य	य	स	◌े
ड	क	त	र	छ	ण	ज	ज	◌ा	प	◌ा	न	◌ो	र
य	◌ो	ध	छ	ऊ	र	◌ी	र	ठ	ठ	इ	म	म	◌ि
ल	◌ू	य	◌ू	क	◌्	र	◌े	न	र	◌ू	स	◌ा	य
◌ा	र	न	य	फ	ए	◌ि	आ	ठ	ढ	ह	ऊ	ल	◌ा
ओ	ट	छ	◌ा	त	य	य	ह	छ	त	ड	फ	◌ि	य
स	ल	ग	र	न	ऊ	◌ा	म	ल	◌े	श	◌ि	य	◌ा
इ	थ	◌ि	य	◌ो	प	◌ि	य	◌ा	ब	स	ट	◌ा	न
ए	ल	◌े	ब	न	◌ा	न	◌े	प	◌ा	ल	ऊ	ख	म

डेनमार्क
इथियोपिया
फ्रांस
यूनान
आयरलैंड
इंडोनेशिया
जापान
केन्या
लाओस
लेबनान
लाइबेरिया
मलेशिया
मेक्सिको
नेपाल
नाइजीरिया
युगांडा
यूक्रेन
रूस
सोमालिया
सीरिया

40 - Bloemen

ल	◌ै	व	◌े	◌ं	ड	र	प	◌ा	स	◌्	त	◌ा	ग
ध	इ	ल	प	ग	प	म	ड	त	ए	ग	ऊ	म	◌ा
ल	◌ि	ल	◌ी	त	ञ	ऊ	◌े	ठ	ह	ड	द	◌ै	र
ह	य	र	ञ	ञ	◌्	ञ	ज	द	र	ढ	फ	ग	◌्
न	◌ि	र	च	र	ड	त	◌़	त	आ	इ	ञ	न	ड
ल	च	ब	च	ह	ष	श	◌ी	म	र	ध	ख	◌ा	◌े
ग	इ	ख	◌ि	ग	◌ु	ल	द	स	◌्	त	◌ा	ल	न
ञ	◌ु	च	ञ	स	स	स	र	ड	क	स	फ	◌ि	◌ि
ग	द	ल	ड	न	◌्	ड	◌े	ल	◌ि	अ	न	य	य
च	प	र	◌ा	स	◌ी	क	फ	द	ड	फ	छ	◌ा	◌ा
र	ध	भ	ण	ब	थ	ए	◌ु	च	म	◌े	ल	◌ी	ट
ट	◌्	य	◌ू	ल	◌ि	प	ञ	स	आ	न	न	◌्	द
इ	ट	प	◌्	ल	◌ू	म	◌े	र	◌ि	य	◌ा	ठ	ऊ
स	◌ू	र	ज	म	◌ु	ख	◌ी	स	भ	उ	ठ	द	घ

पत्ती
गुलदस्ता
गार्डेनिया
हिबिस्कुस
चमेली
आनन्द
लैवेंडर
लिली
डेज़ी
मैगनोलिया
आर्किड
डन्डेलिअन
पोस्ता
चपरासी
प्लूमेरिया
गुलाब
ट्यूलिप
सूरजमुखी

41 - Huisdieren

घ	भ	ष	ब	प	◌ं	ज	◌े	छ	उ	आ	ग	इ	ट
ठ	ख	य	न	ष	◌ि	न	ड	श	आ	ठ	फ	द	व
ध	आ	म	ञ	आ	ब	ल	ग	ध	ड	प	ख	ञ	ग
इ	न	ए	छ	छ	क	ञ	◌्	ऊ	ऊ	श	ण	ब	ठ
क	◌ॉ	ल	र	ल	र	फ	ष	ल	ञ	◌ु	त	भ	प
छ	न	द	छ	भ	◌ी	श	ब	प	◌ा	च	◌ू	ह	◌ा
◌ु	ख	र	ग	◌ो	श	छ	फ	◌ा	ट	◌ि	ष	ढ	ठ
आ	ख	ड	आ	ज	थ	◌ि	फ	न	घ	क	ठ	छ	उ
ञ	घ	ण	र	न	य	प	ग	◌ी	स	◌ि	ध	ध	स
क	◌ु	त	◌्	त	◌ा	क	◌ा	ब	श	त	ढ	ए	भ
ब	◌ि	ल	◌्	ल	◌ी	ल	य	स	थ	◌्	◌ो	ढ	ग
प	◌ू	◌ं	छ	स	द	◌ी	ध	थ	ल	स	भ	त	ध
ब	भ	र	फ	म	ष	ठ	ह	श	भ	क	द	ख	◌ा
श	त	स	य	ब	स	च	म	च	ह	श	ऊ	ग	ऊ

पशु चिकित्सक
बकरी
छिपकली
कुत्ता
बिल्ली
गाय
खरगोश
कॉलर
चूहा
तोता
पंजे
पिल्ला
कछुआ
पूंछ
मछली
भोजन
पानी

42 - Landschappen

ह	घ	स	म	◌ु	द	◌्	र	घ	ग	◌ु	फ	◌ा	ट
◌ि	ठ	प	र	प	द	ल	द	ल	ञ	र	स	ज	◌ु
म	ञ	ह	◌ू	उ	ह	स	ठ	ब	न	च	◌ा	◌्	◌ं
ख	ह	◌ा	द	त	ष	◌ा	ष	र	श	ह	ग	व	ड
◌ं	छ	ड	◌्	घ	थ	न	ड	ञ	द	फ	र	◌ा	◌्
ड	ल	◌़	य	न	छ	ष	उ	◌़	◌्	ए	◌े	ल	र
न	छ	◌ी	◌ा	ग	घ	य	छ	झ	व	ग	ग	◌ा	◌ा
ह	द	आ	न	ऊ	ए	ण	घ	र	◌ी	◌्	◌ि	म	ख
ष	आ	◌ी	द	उ	च	म	स	न	प	ल	स	◌ु	◌ा
स	म	◌ु	द	◌्	र	त	ट	◌ा	य	◌े	◌्	ख	ड
प	◌्	र	◌ा	य	द	◌्	व	◌ी	प	श	त	◌ी	◌़
च	ब	न	त	फ	ए	ढ	ठ	छ	ञ	◌ि	◌ा	ष	◌ी
ट	थ	र	फ	भ	न	उ	स	ट	ल	य	न	फ	य
घ	◌ा	ट	◌ी	ढ	स	ञ	र	आ	ख	र	घ	ए	ऊ

पहाड़
द्वीप
ग्लेशियर
खाड़ी
गुफा
पहाड़ी
हिमखंड
झील
दलदल
मरूद्यान
सागर
नदी
प्रायद्वीप
समुद्र तट
टुंड्रा
घाटी
ज्वालामुखी
झरना
रेगिस्तान
समुद्र

43 - Tuin

स	ट	म	ग	इ	ट	भ	ट	इ	त	घ	स	ब	म
श	ल	◌्	◌ै	फ	ल	◌ो	द	◌्	य	◌ा	न	त	ठ
फ	म	उ	र	◌े	क	ख	आ	ख	ड	स	य	ठ	भ
ण	ष	प	◌े	◌े	म	ट	ख	ग	ण	न	प	प	ष
ट	ड	त	ज	त	म	ल	ण	छ	ल	ध	◌े	ख	स
ब	ग	◌ी	च	◌ा	◌ा	◌्	ञ	घ	ग	र	ड	छ	व
◌ु	श	त	ष	फ	त	द	प	थ	ब	घ	◌़	न	त
श	झ	◌ू	ल	◌ा	म	ब	त	◌ो	◌े	◌े	फ	ल	श
ष	श	ग	◌ॉ	व	ब	◌ा	ड	◌़	ल	म	◌ं	◌ी	फ
ञ	इ	ड	न	ड	म	ड	स	छ	छ	◌ि	स	च	उ
ल	ष	प	ध	◌़	ण	च	ट	◌्	ट	◌ा	न	◌ो	◌ं
द	म	र	त	◌ा	ल	◌ा	ब	य	स	उ	ब	घ	घ
फ	◌ू	ल	ख	ढ	ग	ब	ठ	ग	व	र	घ	ठ	इ
म	उ	ष	ग	य	ए	ढ	ध	भ	इ	व	ड	ए	ण

बेंच
फूल
पेड़
फलोद्यान
गैरेज
लॉन
घास
झूला
रेक
बाड़
मातम
चट्टानों
फावड़ा
नली
बुश
छत
ट्रेम्पोलिन
बगीचा
तालाब
बेल

44 - Katten

श	◌ि	क	◌ा	र	◌ी	द	थ	थ	द	त	स	व	द
र	ग	ग	आ	ज	ड	छ	ह	◌ो	छ	च	आ	थ	फ
◌्	ब	व	प	◌ं	ज	◌ा	इ	इ	ड	ड	ए	घ	फ
म	ण	◌्	ब	ग	न	श	स	प	ए	◌़	घ	र	र
◌ी	ल	य	व	ल	ए	ध	फ	भ	◌ू	ह	◌ा	आ	ण
ल	ह	क	य	◌ी	ग	म	ड	न	◌ी	◌ं	द	थ	ग
◌ा	स	◌्	व	त	◌ं	त	◌्	र	त	ट	छ	प	य
ट	त	त	प	य	ऊ	इ	म	र	च	ठ	ल	प	व
ष	ऊ	◌ि	न	ख	ब	र	त	ध	◌ू	त	ठ	थ	र
ष	ए	त	ह	स	फ	न	ट	ध	ह	श	ह	ख	घ
र	उ	◌्	च	◌ं	च	ल	ह	◌ा	◌ा	प	◌ा	ग	ल
ड	ठ	व	द	प	त	◌े	ज	ग	ष	आ	ल	ट	च
ट	ए	ख	द	ठ	च	म	श	◌ा	छ	र	न	स	त
र	ढ	फ	स	ज	◌ि	ज	◌्	ञ	◌ा	स	◌ु	ठ	ग

फर
धागा
पागल
शिकारी
थोड़ा
चूहा
जिज्ञासु
स्वतंत्र
व्यक्तित्व
पंजा
नींद
तेज
चंचल
पूंछ
शर्मीला
जंगली

45 - Beroepen #2

ज	इ	ज	◌ू	ल	◌ॉ	ज	◌ि	स	◌्	ट	क	फ	ल
◌ी	◌ं	फ	द	◌ा	र	◌्	श	न	◌ि	क	◌ि	◌ो	◌ा
व	ज	ञ	ठ	इ	ड	थ	◌ो	च	इ	फ	स	ट	इ
व	◌ी	ष	न	इ	ण	उ	ध	घ	आ	थ	◌ा	◌ो	ब
◌ि	न	ए	म	◌ा	ल	◌ी	क	श	ष	ण	न	ग	◌्
ज	◌ि	ठ	घ	र	च	स	र	◌्	ज	न	उ	◌्	र
◌्	य	ट	आ	व	◌ि	ष	◌्	क	◌ा	र	क	र	◌े
ञ	र	म	व	ख	त	ण	त	ट	ज	ढ	ख	◌ा	र
◌ा	ल	म	म	ब	◌्	इ	◌ा	ब	◌्	◌ा	ण	फ	◌ि
न	ढ	प	त	◌्	र	क	◌ा	र	प	र	स	र	य
◌ी	फ	ग	च	◌ि	क	◌ि	त	◌्	स	क	◌े	◌ू	न
ट	ब	ह	◌ु	भ	◌ा	ष	◌ी	प	◌ा	य	ल	ट	स
आ	ब	इ	घ	थ	र	श	◌ि	क	◌्	ष	क	ग	र
द	◌ं	त	च	◌ि	क	◌ि	त	◌्	स	क	इ	म	ग

चिकित्सक
लाइब्रेरियन
जीवविज्ञानी
किसान
सर्जन
जासूस
दार्शनिक
फोटोग्राफर
इलस्ट्रेटर
इंजीनियर
पत्रकार
शिक्षक
बहुभाषी
शोधकर्ता
पायलट
चित्रकार
दंत चिकित्सक
माली
आविष्कारक
जूलॉजिस्ट

46 - Komedie

च	◌ु	ट	क	◌ु	ल	◌े	थ	आ	द	व	द	ल	य
य	च	◌े	◌ा	अ	च	ष	त	ञ	ह	◌ा	स	◌्	य
य	ग	ल	म	छ	भ	त	च	फ	य	ह	ए	थ	त
ह	थ	◌ी	च	ढ	ए	◌ि	भ	ह	ध	व	द	ग	छ
द	ठ	व	ल	ज	च	न	न	ष	म	◌ा	ट	व	ट
प	ष	◌ि	◌ा	◌ो	ठ	ध	स	◌े	च	ह	व	प	इ
भ	घ	ज	ऊ	क	ढ	थ	उ	उ	त	◌ी	ठ	व	ढ
थ	म	न	फ	र	ठ	र	द	ष	◌ु	◌ा	ष	ढ	ख
ह	ण	ल	ट	ऊ	च	ट	आ	र	र	ह	स	ट	स
अ	भ	◌ि	न	◌े	त	◌्	र	◌ी	◌्	भ	◌ू	ऊ	घ
थ	◌ि	ए	ट	र	ख	ह	घ	म	स	श	च	य	ह
भ	ड	य	र	ध	प	त	◌ॅ	द	ख	◌ै	क	ल	ग
ड	ब	प	◌ै	र	◌ो	ड	◌ी	स	ल	ल	ह	फ	द
म	ज	◌़	◌ा	द	ठ	प	आ	ड	◌ी	◌ी	ल	ह	य

अभिनेता
अभिनेत्री
वाहवाही
जोकर
सूचक
हँसी
शैली
चुटकुले
हास्य
कामचलाऊ
पैरोडी
मज़ा
दर्शक
चतुर
टेलीविजन
थिएटर

47 - Dagen en Maanden

च	श	त	ण	य	ध	उ	घ	आ	घ	अ	प	र	म
स	◌ु	द	आ	आ	ट	ध	ण	ए	द	क	श	ष	◌ा
त	क	स	प	◌्	त	◌ा	ह	ग	म	◌्	न	ह	र
ढ	◌्	◌ि	ह	न	ऊ	ऊ	ञ	◌ु	इ	ट	◌ि	व	◌्
स	र	त	ब	फ	ज	न	व	र	◌ी	◌ू	व	र	च
न	व	◌ं	ब	र	ठ	◌ु	व	◌ू	य	ब	◌ा	◌्	क
ह	◌ा	ब	ध	व	ब	ऊ	ल	व	ञ	र	र	ष	◌ै
य	र	र	म	र	ब	द	ध	◌ा	ब	ल	ण	र	ल
च	ञ	अ	न	◌ी	घ	द	ल	र	ई	ज	◌ू	न	◌े
म	◌ं	ग	ल	व	◌ा	र	स	◌ो	म	व	◌ा	र	◌ं
ण	च	स	ण	ह	म	ह	◌ी	न	◌ा	द	थ	स	ड
ठ	इ	◌्	र	व	◌ि	व	◌ा	र	ब	ल	ढ	द	र
ल	ष	त	ञ	म	ञ	द	श	ण	ण	त	ह	व	त
ब	◌ु	ध	व	◌ा	र	र	ण	उ	उ	ख	ढ	श	थ

अगस्त
मंगलवार
गुरूवार
फरवरी
वर्ष
जनवरी
जुलाई
जून
कैलेंडर
महीना
सोमवार
मार्च
नवंबर
अक्टूबर
सितंबर
शुक्रवार
सप्ताह
बुधवार
शनिवार
रविवार

48 - Beeldende Kunsten

न	ट	म	स	उ	उ	फ	ए	ट	च	ब	म	स	म
र	य	च	प	◌े	◌ं	स	◌ि	ल	◌ि	ख	◌ि	◌्	◌ू
ए	च	इ	म	ऊ	ह	त	च	ल	त	उ	ट	ट	र
म	◌ा	न	व	न	थ	ध	◌ि	ध	◌्	ल	◌्	◌ै	◌्
ष	क	ब	◌ा	◌ा	उ	श	त	च	र	म	ट	◌ं	त
र	ठ	ब	स	त	र	ञ	◌्	क	क	क	◌ी	स	◌ि
र	च	न	◌ा	स	◌्	◌्	र	◌ृ	◌ा	ल	इ	◌ि	क
फ	य	ष	ठ	◌्	प	म	न	त	र	म	त	ल	ल
फ	थ	इ	ल	व	ए	◌ो	क	◌ि	◌ी	आ	द	ड	◌ा
उ	उ	म	ब	◌ी	न	म	श	त	श	न	र	ख	ऊ
च	◌ि	त	◌्	र	फ	ल	क	ल	◌ा	क	◌ा	र	न
प	र	◌ि	प	◌्	र	◌े	क	◌्	ष	◌्	य	न	ञ
च	न	य	ञ	व	◌ा	स	◌्	त	◌ु	क	ल	◌ा	म
इ	फ	प	र	म	घ	ए	र	ट	ल	छ	ग	घ	थ

वास्तुकला
कलाकार
मूर्तिकला
रचनात्मकता
चित्रफलक
फिल्म
तस्वीर
मिट्टी
चाक
कृति
कलम
परिप्रेक्ष्य
चित्र
पेंसिल
रचना
चित्रकारी
स्टैंसिल
वार्निश
मोम

49 - Menselijk Lichaam

च	ग	ग	व	द	थ	य	म	ड	य	त	ऊ	ऊ	ए
फ	थ	म	ग	ण	उ	ण	ए	ए	म	◌्	ट	इ	म
श	ष	ड	क	◌ा	न	त	ण	च	उ	व	ह	इ	स
य	ग	म	आ	◌ं	त	भ	ख	ण	◌ं	च	श	प	◌ि
य	ष	र	इ	उ	ध	ट	◌ा	◌ं	ग	◌ा	इ	उ	र
ढ	भ	इ	◌्	ए	ग	◌ा	द	◌ि	ल	न	श	ष	इ
य	न	फ	ढ	द	र	ह	◌ि	ध	◌ी	आ	उ	य	च
र	आ	घ	◌ु	ट	न	◌ा	म	प	◌े	ट	इ	ऊ	ऊ
म	ग	आ	ह	ख	थ	थ	◌ा	ह	ज	ञ	फ	स	त
ब	न	ध	श	न	ह	ब	ग	व	ब	ह	थ	म	स
फ	न	थ	ड	◌े	ल	म	ठ	◌ो	ड	◌़	◌ी	◌ु	ण
त	ट	◌ा	र	क	◌्	त	ब	द	◌़	ध	ऊ	◌ँ	घ
ज	◌ी	भ	क	◌ो	ह	न	◌ी	उ	◌ा	स	ग	ह	आ
ण	ठ	ड	य	स	ए	आ	स	ठ	ब	प	ठ	ष	ध

टांग
रक्त
कोहनी
टखने
हाथ
दिल
दिमाग
सिर
त्वचा
जबड़ा
ठोड़ी
घुटना
पेट
मुँह
गर्दन
नाक
कान
कंधा
जीभ
उंगली

50 - Familie

ब	घ	ट	प	ढ	छ	उ	थ	द	प	भ	ब	ल	प
◌े	ढ	ऊ	इ	◌ो	घ	त	ब	म	◌ू	त	◌ी	ल	◌ै
ट	ण	च	म	भ	त	◌ी	ज	◌ा	र	◌ी	व	प	त
◌ी	उ	ब	इ	◌ा	ब	◌ा	म	◌ं	◌्	ज	◌ी	◌ि	◌ृ
च	◌ा	च	◌ी	ई	च	ब	द	व	व	◌ी	ढ	त	क
च	ल	◌्	र	द	◌्	म	च	ग	ज	ष	भ	◌ा	ट
इ	र	च	इ	◌ा	च	ग	आ	प	आ	ए	ऊ	च	थ
ध	प	◌ा	भ	द	◌े	ढ	प	ग	न	व	थ	◌ा	ब
द	◌ा	द	◌ी	◌ा	ढ	ए	ध	ए	भ	ट	ब	च	न
ग	ल	द	ष	च	ल	थ	ड	य	र	ठ	ह	◌ा	भ
र	ल	ढ	श	ण	ण	र	र	च	ञ	ठ	न	ल	ध
प	द	ध	थ	ल	ण	प	य	ण	फ	छ	य	ल	स
ए	ख	इ	च	न	र	म	ष	म	ग	फ	श	ड	ढ
र	ञ	त	श	श	स	ठ	स	भ	च	ल	प	त	◌ि

भाई
बेटी
दादी
बचपन
बच्चा
बच्चे
पोता
पति
मां
भतीजा

भतीजी
चाचा
दादा
चाची
पिता
पैतृक
पूर्वज
बीवी
बहन

51 - Gebouwen

त	इ	त	आ	प	द	◌ू	त	◌ा	व	◌ा	स	आ	अ
स	◌ं	ग	◌्	र	ह	◌ा	ल	य	ग	त	र	ध	प
भ	ह	ब	स	◌ि	न	◌े	म	◌ा	द	य	थ	स	◌ा
व	छ	ए	◌ू	फ	◌ै	क	◌्	ट	र	◌ी	ष	◌ु	र
भ	फ	घ	ड	क	◌ि	ल	◌ा	ए	आ	ह	ण	प	◌्
ञ	स	◌्	ट	◌े	ड	◌ि	य	म	◌ी	न	◌ा	र	ट
ख	स	इ	छ	ब	श	ख	ल	◌ि	ह	◌ा	न	म	म
◌े	◌्	ष	थ	◌ि	ए	ट	र	म	त	थ	घ	◌ा	◌े
त	क	ध	म	न	ह	ए	ह	च	इ	ट	ऊ	र	◌ं
श	◌ू	प	◌्	र	य	◌ो	ग	श	◌ा	ल	◌ा	◌्	ट
ऊ	ल	ए	फ	त	ल	ल	ट	द	भ	ब	थ	क	च
ह	ध	ग	व	◌े	ध	श	◌ा	ल	◌ा	भ	भ	◌े	त
प	उ	ण	अ	स	◌्	प	त	◌ा	ल	त	म	ट	ब
व	◌ि	श	◌्	व	व	◌ि	द	◌्	य	◌ा	ल	य	ब

दूतावास
अपार्टमेंट
सिनेमा
खेत
केबिन
फैक्टरी
होटल
किला
प्रयोगशाला
संग्रहालय
वेधशाला
स्कूल
खलिहान
स्टेडियम
सुपरमार्केट
तंबू
थिएटर
मीनार
विश्वविद्यालय
अस्पताल

52 - Kunst

घ	छ	ल	ल	ठ	उ	द	न	ए	छ	ब	य	ड	अ
ई	न	ह	ऊ	ग	स	ब	ठ	च	ण	व	ट	ण	त
त	म	ए	म	◌ू	र	◌्	त	◌ि	क	ल	◌ा	प	◌ि
व	छ	◌ा	ऊ	र	ल	ऊ	उ	त	ड	इ	ज	◌्	य
◌ि	उ	प	न	म	◌ू	ल	स	◌्	ग	ढ	ट	र	थ
ष	द	घ	प	द	न	प	◌्	र	◌े	र	◌ि	त	◌ा
य	ढ	ट	उ	न	◌ा	◌ो	इ	◌ि	ग	न	ल	◌ी	र
न	ध	ऊ	ण	म	ञ	र	द	त	भ	क	ध	क	◌्
ह	ढ	र	च	छ	ण	च	श	श	च	व	द	ल	थ
ट	भ	स	ण	फ	ब	न	◌ा	न	◌ा	◌ि	◌ृ	द	व
श	ब	स	ब	र	ष	◌ा	आ	फ	श	त	श	ए	◌ा
अ	भ	◌ि	व	◌्	य	क	◌्	त	◌ि	◌ा	◌्	न	द
ष	व	स	◌ि	र	◌े	म	◌ि	क	ग	ए	य	ठ	उ
ए	च	ड	य	व	◌्	य	क	◌्	त	◌ि	ग	त	ख

मूर्तिकला
जटिल
बनाना
सरल
ईमानदार
प्रेरित
मनोदशा
सिरेमिक
विषय
मूल
व्यक्तिगत
कविता
चित्रित
रचना
अतियथार्थवाद
प्रतीक
अभिव्यक्ति
दृश्य

53 - Beroepen #1

औ	ञ	श	ह	र	प	ह	ए	ढ	य	स	आ	म	ह
ष	ल	◌ि	ब	◌ा	◌ि	र	ए	थ	आ	◌ं	ध	त	च
ध	र	क	थ	ज	य	छ	छ	ठ	न	प	ठ	ध	प
क	ए	◌ा	ड	द	◌ा	स	ख़	◌ि	ल	◌ा	ड	◌़	◌ी
◌ा	उ	र	न	◌ू	न	न	◌ं	ध	ध	द	प	व	ष
र	च	◌ी	र	त	◌ो	ल	स	ग	इ	क	ग	इ	आ
क	न	र	◌्	स	व	स	आ	छ	◌ी	थ	च	ग	ठ
र	घ	ए	त	ऊ	◌ा	◌ा	र	ड	ण	त	◌ि	ल	ज
स	ह	इ	क	श	द	ज	त	ब	◌ै	◌ं	क	र	◌ौ
द	ग	इ	◌ी	ड	क	◌़	व	क	◌ी	ल	◌ि	◌ा	ह
भ	◌ू	व	◌ि	ज	◌्	ञ	◌ा	न	◌ी	भ	त	व	र
प	श	◌ु	च	◌ि	क	◌ि	त	◌्	स	क	◌्	प	◌ी
व	◌ै	ज	◌्	ञ	◌ा	न	◌ि	क	ण	घ	स	ड	श
ख	श	न	म	◌ा	न	च	◌ि	त	◌्	र	क	◌ा	र

वकील
राजदूत
औषधकारक
खिलाड़ी
बैंकर
मानचित्रकार
नर्तकी
पशु चिकित्सक
चिकित्सक
संपादक
भूविज्ञानी
शिकारी
जौहरी
नलसाज़
संगीतकार
पियानोवादक
नर्स
वैज्ञानिक

54 - Kastelen

ट	ग	◌ु	ल	◌े	ल	क	थ	स	च	र	ब	त	स
ऊ	◌े	ड	आ	व	ह	ि◌	ख	त	◌ा	ज	म	द	म
ठ	◌ं	र	प	द	ग	ल	ख	स	म	म	फ	ष	ञ
ख	ड	ड	म	ल	च	◌े	ड	ऊ	ह	छ	◌ं	श	ष
स	◌ा	म	◌्	र	◌ा	ज	◌्	य	ल	र	ष	त	द
त	इ	ई	अ	र	◌ा	ज	क	◌ु	म	◌ा	र	य	◌ी
ल	श	श	ज	व	र	ज	च	म	ह	◌ा	न	श	व
व	घ	र	ग	ञ	ष	ल	व	ख	न	ठ	इ	◌ू	◌ा
◌ा	◌ो	इ	र	म	म	म	घ	◌ं	च	इ	य	र	र
र	ड	द	ए	य	ष	◌ी	थ	ब	श	ध	ध	व	ध
द	◌़	श	द	ल	ष	न	ग	र	ऊ	ट	य	◌ी	य
र	◌ा	ज	क	◌ु	म	◌ा	र	◌ी	ण	न	ए	र	घ
ञ	प	ख	व	म	ड	र	व	थ	ए	व	म	ठ	य
ऊ	ट	च	च	ण	व	ठ	ढ	स	ध	इ	इ	ए	स

अजगर
राजवंश
महान
गेंडा
सामंती
किले
खाई
कवच
गुलेल
ताज
दीवार
घोड़ा
महल
राजकुमार
राजकुमारी
शूरवीर
साम्राज्य
मीनार
तलवार

55 - Insecten

इ	छ	ठ	ए	द	द	ह	उ	ञ	ढ	ध	ख	ख	ट
ऊ	ख	भ	ए	त	ी	त	त	ै	य	ा	उ	भ	ि
ल	त	ृ	फ	घ	म	त	ि	त	ल	ी	म	स	ड
ह	ि	ं	ि	र	क	च	ठ	च	ध	छ	ध	प	्
ह	ल	ग	ड	घ	ी	ष	्	न	थ	ख	ु	ि	ड
ध	च	ए	त	ड	ट	म	फ	छ	ऊ	ड	म	स	ी
च	ट	प	ट	श	ठ	न	प	उ	र	स	क	्	न
ड	्	र	ै	ग	न	फ	्	ल	ा	ई	्	स	क
ख	ट	न	श	थ	स	ि	क	ा	ड	ा	ख	ू	ी
स	ा	द	फ	च	ढ	घ	व	र	ञ	थ	ी	न	ड
य	ल	ग	श	ी	त	य	ए	्	छ	न	च	उ	़
य	ल	ठ	द	ं	प	थ	व	व	भ	र	ह	ण	ा
इ	ड	ल	च	ट	ह	फ	स	ा	ष	थ	ड	प	ड
थ	ड	ठ	ठ	ी	ट	श	ष	ण	न	ञ	आ	ब	ब

मधुमक्खी
एफिड
सिकाडा
तिलचट्टा
भृंग
लार्वा
ड्रैगनफ्लाई
चींटी

कीट
मच्छर
टिड्डी
दीमक
तितली
पिस्सू
ततैया
कीड़ा

56 - Antarctica

व	ल	घ	द	ऊ	य	ब	म	ट	ऊ	ट	य	ध	स
व	◌ै	ड	आ	ञ	ष	व	स	ऊ	आ	ख	प	म	◌्
ग	ष	ज	ध	ख	ल	त	प	ठ	ढ	श	◌ा	ह	थ
ख	श	प	◌्	र	व	◌ा	स	ह	◌ि	म	न	द	ल
प	न	श	थ	ञ	च	प	म	ख	आ	ह	◌ी	प	◌ा
भ	ब	◌ि	उ	र	◌ा	अ	भ	◌ि	य	◌ा	न	◌्	क
ण	प	द	ज	ख	◌ी	न	थ	ट	श	द	प	र	◌ृ
ष	व	ब	◌ा	द	ल	ल	◌ि	उ	उ	◌्	◌े	◌ा	त
स	◌ं	र	क	◌्	ष	ण	◌ा	क	ह	व	◌ं	य	◌ि
द	द	◌्	व	◌ी	प	स	म	◌ू	ह	◌ी	ग	द	ब
न	ट	फ	ग	ध	च	आ	ख	ष	ण	प	◌ु	◌्	◌े
द	भ	श	◌ो	ध	क	र	◌्	त	◌ा	च	इ	व	स
प	र	◌्	य	◌ा	व	र	ण	ब	उ	प	न	◌ी	द
भ	◌ू	ग	◌ो	ल	ग	त	◌ा	प	म	◌ा	न	प	स

बे
संरक्षण
महाद्वीप
द्वीप समूह
अभियान
भूगोल
हिमनद
बर्फ
प्रवास
खनिज
पर्यावरण
शोधकर्ता
पेंगुइन
पथरीला
प्रायद्वीप
तापमान
स्थलाकृति
पानी
वैज्ञानिक
बादल

57 - Ballet

भ	ण	क	◌ौ	श	ल	द	ख	ध	र	व	न	स	द
ध	ठ	ल	म	ध	त	श	ट	ध	प	ढ	◌ृ	◌ं	र
भ	ब	◌ा	प	ऊ	अ	ष	ए	च	प	भ	त	ग	◌्
न	◌ै	त	◌ा	ल	ध	भ	ट	ह	प	श	◌्	◌ी	श
ट	ल	◌्	र	◌ि	ह	र	◌्	स	ल	◌ै	य	त	क
घ	◌े	म	स	◌ू	च	क	प	य	ध	ल	क	क	य
स	इ	क	स	द	भ	ए	ढ	इ	◌ा	◌ी	ल	◌ा	ण
◌ु	◌ं	घ	उ	च	ह	र	ण	श	घ	स	◌ा	र	व
◌ं	आ	ग	ऑ	र	◌्	क	◌े	स	◌्	ट	◌्	र	◌ा
द	इ	ख	◌ी	न	र	◌्	त	क	◌ि	य	◌ो	◌ं	ह
र	श	इ	ग	त	क	न	◌ी	क	थ	ह	ड	ढ	व
म	◌ा	◌ं	स	प	◌े	श	◌ि	य	◌ो	◌ं	ठ	त	◌ा
ण	र	त	◌ी	व	◌्	र	त	◌ा	फ	द	ऊ	म	ह
इ	◌ा	न	थ	छ	उ	ड	ञ	ख	ट	व	र	छ	◌ी

वाहवाही
कलात्मक
बैले
नृत्यकला
संगीतकार
नर्तकियों
सूचक
इशारा
तीव्रता
संगीत
ऑर्केस्ट्रा
अभ्यास
दर्शक
रिहर्सल
ताल
सुंदर
मांसपेशियों
शैली
तकनीक
कौशल

58 - Vissen

व	व	आ	ग	र	ज	ए	ग	ह	स	म	ठ	ब	अ
ण	ज	प	◌ं	ख	ब	भ	ड	छ	र	न	◌ा	व	त
उ	ड	न	छ	इ	ड	ट	ड	श	ऊ	ख	ल	च	◌ि
भ	य	र	व	न	◌़	ट	ग	त	◌ा	र	थ	◌ा	श
र	स	◌ो	इ	य	◌ा	च	◌ो	◌ि	च	द	ण	र	य
स	म	◌ु	द	◌्	र	त	ट	क	ल	म	ठ	◌ा	◌ो
◌ा	ऋ	ब	त	फ	भ	फ	ध	◌ै	र	◌्	य	थ	क
ग	त	ह	ड	इ	श	न	फ	य	भ	◌ी	स	व	◌्
र	◌ु	व	ण	ऊ	म	त	इ	उ	न	र	द	न	त
स	फ	ह	फ	आ	उ	स	थ	ठ	स	य	ड	ब	◌ि
झ	फ	छ	छ	श	प	◌ा	न	◌ी	द	ख	र	फ	स
◌ी	य	भ	ह	◌ु	क	र	ब	फ	द	न	र	ण	भ
ल	छ	म	श	च	र	ऊ	आ	ड	उ	फ	इ	ह	र
इ	ऊ	म	प	घ	ण	ढ	न	द	◌ी	प	न	ष	ञ

चारा
उपकरण
नाव
तार
धैर्य
वजन
हुक
जबड़ा
गिल्स
रसोइया

टोकरी
झील
सागर
अतिशयोक्ति
नदी
ऋतु
समुद्र तट
पंख
पानी

59 - Fruit

ह	अ	र	त	ण	य	द	न	य	त	ल	स	क	श
न	क	◌ं	उ	श	छ	स	◌ा	ए	र	ख	ष	◌े	ध
◌ा	◌ी	त	ग	र	स	भ	र	◌ी	ब	श	ट	ल	ब
र	व	◌ं	उ	◌ू	ट	ल	◌ं	न	◌ू	फ	ध	◌ा	प
ि◌	◌ी	ऊ	ब	◌े	र	त	ग	ट	ज	◌़	ठ	ए	प
य	ट	च	ठ	◌ू	फ	थ	◌ी	ञ	घ	त	भ	प	◌ी
ल	इ	ट	ऊ	ए	व	ऊ	स	त	ल	◌ा	ख	घ	त
ब	फ	थ	अ	न	न	◌्	न	◌ा	स	ल	◌ु	ठ	◌ा
ह	आ	ट	श	ऊ	ए	भ	◌ा	श	न	◌ू	ब	ह	म
ग	ख	ख	घ	ष	ए	ढ	श	ऊ	उ	श	◌ा	ञ	ण
प	ड	च	छ	थ	ठ	ब	प	प	श	छ	न	प	श
ञ	आ	ढ	च	◌े	र	◌ी	◌ा	ठ	ठ	ह	◌ी	प	ध
ब	◌े	र	◌ी	छ	स	त	त	आ	ड	◌़	◌ू	ब	ल
ए	व	◌ो	क	◌ा	ड	◌ो	◌ी	म	न	छ	थ	ठ	ढ

खुबानी
अनन्नास
सेब
एवोकाडो
केला
बेरी
नींबू
अंगूर
रसभरी
चेरी
कीवी
नारियल
आम
तरबूज
शफ़तालू
नारंगी
पपीता
नाशपाती
आड़ू
बेर

60 - Literatuur

न	ष	ग	श	ष	ए	द	श	त	ड	ह	ऊ	ट	भ
व	◌ि	ष	य	ए	र	ग	◌ै	उ	◌ु	व	भ	र	व
उ	ड	ष	ध	फ	प	स	ल	ञ	फ	ल	न	ट	च
उ	प	न	◌्	य	◌ा	स	◌ी	ह	इ	थ	न	छ	व
आ	स	ह	घ	क	व	◌ि	त	◌ा	द	स	ग	◌ा	र
ज	म	य	ब	◌ा	र	क	थ	◌ा	व	◌ा	च	क	◌ू
◌ी	◌ा	प	ठ	व	त	◌्	र	◌ा	स	द	◌ी	न	प
व	न	प	ह	◌्	उ	द	ष	र	◌ा	य	य	र	क
न	त	◌ा	ल	य	ब	ट	च	स	छ	ञ	व	ऊ	स
◌ी	◌ा	ए	थ	◌ा	क	◌ि	स	◌्	स	◌ा	ल	क	◌ं
च	इ	ष	ध	त	◌ु	क	ग	ष	ऊ	ड	◌े	थ	व
द	व	◌ि	श	◌्	ल	◌े	ष	ण	ऊ	स	ख	◌ा	◌ा
छ	उ	ष	ढ	म	ल	द	ख	आ	ग	द	क	ण	द
ठ	य	न	आ	क	र	छ	र	फ	ण	ह	उ	ध	र

समानता
विश्लेषण
किस्सा
लेखक
जीवनी
निष्कर्ष
संवाद
कथा
कविता
राय
रूपक
काव्यात्मक
तुक
ताल
उपन्यास
शैली
विषय
त्रासदी
तुलना
कथावाचक

61 - Technologie

अ	स	त	क	छ	भ	स	ब	◌ा	इ	ट	◌्	स	ड
न	◌ु	य	◌ै	ग	आ	प	◌ं	व	ध	उ	ल	ण	◌े
◌ु	र	ढ	म	इ	भ	भ	व	द	ढ	ध	ष	त	ट
स	क	आ	र	फ	◌ा	न	ञ	फ	◌े	ह	र	ण	◌ा
◌ं	◌्	ऊ	◌ा	◌़	स	◌ं	ग	ण	क	श	घ	उ	थ
ध	ष	ट	र	◌ॉ	◌ी	◌्	इ	◌ं	ट	र	न	◌े	ट
◌ा	◌ा	य	द	न	इ	इ	क	ब	◌्	ल	◌ॉ	ग	भ
न	ढ	ऊ	ल	◌्	स	◌ॉ	फ	◌्	ट	व	◌े	य	र
ड	◌ि	ज	◌ि	ट	ल	व	ल	र	र	न	उ	ल	ढ
क	ण	ऊ	ख	ध	व	◌ा	ड	◌ा	ऊ	◌ी	ए	भ	घ
त	र	घ	म	च	च	इ	छ	उ	च	प	न	घ	थ
ढ	च	◌्	र	ड	प	र	भ	ज	ख	ण	ठ	छ	ग
म	य	थ	स	य	घ	स	ब	◌़	फ	◌़	◌ा	इ	ल
ष	ढ	ष	श	र	न	फ	स	र	ढ	ठ	ह	य	उ

संदेश
फ़ाइल
ब्लॉग
ब्राउज़र
बाइट्स
कैमरा
संगणक
कर्सर
डिजिटल
डेटा
इंटरनेट
फ़ॉन्ट
अनुसंधान
स्क्रीन
सॉफ्टवेयर
सुरक्षा
आभासी
वाइरस

62 - Boeken

घ	ऊ	आ	व	◌ि	ष	◌्	क	◌ा	र	श	◌ी	ल	स
उ	प	न	◌्	य	◌ा	स	छ	ह	प	ह	ग	◌े	◌ं
आ	व	द	◌्	व	◌ं	द	◌्	व	◌ा	ट	ध	ख	द
य	ट	◌ि	स	◌ा	ह	स	◌ि	क	ठ	न	ध	क	र
स	छ	च	न	प	◌ृ	ष	◌्	ठ	क	ण	◌ी	ऊ	◌्
ग	ध	म	फ	◌ो	फ	ध	ष	क	व	◌ि	त	◌ा	भ
थ	म	र	ष	ट	द	न	ण	च	फ	ए	ण	ष	व
म	ह	ढ	ल	उ	र	◌ी	ऊ	ष	ऊ	ड	उ	ग	म
ग	◌ा	भ	च	ग	प	◌्	र	◌ा	स	◌ं	ग	◌ि	क
छ	क	ल	र	क	थ	◌ा	व	◌ा	च	क	ऊ	ण	व
स	◌ा	ह	◌ि	त	◌्	य	◌ि	क	थ	ष	ल	ह	प
च	व	म	त	ख	ध	ट	ड	ष	द	◌ु	ख	द	ल
थ	◌्	स	◌्	र	◌ि	स	◌ं	ग	◌्	र	ह	ब	ट
घ	य	प	र	ड	ऐ	त	◌ि	ह	◌ा	स	◌ि	क	आ

लेखक
साहसिक
पृष्ठ
संग्रह
संदर्भ
द्वंद्व
महाकाव्य
कविता
लिखित
ऐतिहासिक
विनोदी
आविष्कारशील
चरित्र
पाठक
साहित्यिक
प्रासंगिक
उपन्यास
दुखद
कहानी
कथावाचक

63 - Meer Informatie

स	व	प	◌ु	स	◌्	त	क	◌े	◌ं	प	स	ढ	य
◌ि	◌ि	र	फ	भ	◌्	र	म	भ	त	◌्	च	ए	थ
न	स	◌ि	◌्	द	इ	ऊ	छ	श	आ	र	इ	र	द
◌े	◌्	द	य	◌ु	आ	ग	थ	◌ा	आ	◌ौ	व	ड	म
म	फ	◌ृ	◌ू	न	क	छ	श	न	म	द	ण	◌ा	ण
◌ा	◌ो	श	च	◌ि	◌ा	ट	ह	द	ग	◌्	ठ	य	ब
आ	ट	◌्	र	य	श	फ	क	◌ा	र	य	ण	स	इ
क	द	य	◌ि	◌ा	ग	घ	◌ा	र	ह	◌ो	ह	◌्	च
◌ा	स	र	स	व	◌ं	ढ	ल	द	स	ग	ब	ट	स
श	ध	ग	◌्	थ	ग	ख	◌्	द	◌्	◌ि	थ	◌ो	ञ
व	प	◌्	ट	श	◌ा	भ	प	र	य	क	ठ	प	ट
◌ा	ग	र	◌ि	श	ल	ढ	न	प	म	◌ौ	ञ	◌ि	ख
ण	प	ह	क	स	प	◌ो	◌ि	व	य	य	ऊ	य	फ
◌ौ	प	ड	ञ	ध	ठ	श	क	त	छ	च	ध	◌ा	य

सिनेमा
पुस्तकें
आग
काल्पनिक
डायस्टोपिया
विस्फोट
चरम
शानदार
फ्यूचरिस्टिक
भ्रम
रहस्यमय
आकाशवाणी
ग्रह
रोबोट
परिदृश्य
आकाशगंगा
प्रौद्योगिकी
आदर्शलोक
दुनिया

64 - Regenwoud

छ	स	ध	ए	ष	प	स	प	ब	ध	य	ण	ड	स
ठ	प	क	◌्	ष	◌ी	म	◌्	ल	◌ा	घ	र	य	◌्
ग	◌्	घ	श	म	ट	◌ु	र	ख	आ	द	र	स	व
श	र	ण	य	◌ू	ण	द	क	ड	प	ण	ल	◌ं	द
ख	ज	◌ं	ग	ल	भ	◌ा	◌ृ	उ	ऊ	ध	ह	र	◌े
क	◌ा	ई	ब	◌्	ट	य	त	भ	ठ	ए	ट	क	श
◌ी	त	ध	म	य	ढ	ध	◌ि	य	ए	उ	ष	◌्	◌ी
ड	◌ि	ज	ल	व	◌ा	य	◌ु	च	ब	य	आ	ष	थ
◌़	य	फ	र	◌ा	ट	च	ख	र	ण	ह	इ	ण	ह
◌े	◌ा	ष	घ	न	स	द	उ	र	ट	ह	◌ा	ड	म
न	◌ं	व	◌ा	न	स	◌्	प	त	◌ि	क	ढ	ल	फ
उ	त	◌्	त	र	ज	◌ी	व	◌ि	त	◌ा	ट	थ	◌ी
व	◌ि	व	◌ि	ध	त	◌ा	ठ	म	ष	ल	न	य	उ
स	◌्	त	न	ध	◌ा	र	◌ी	ढ	प	द	ख	न	म

उभयचर
संरक्षण
वानस्पतिक
विविधता
समुदाय
स्वदेशी
कीड़े
जंगल
जलवायु
काई

प्रकृति
उत्तरजीविता
आदर
बहाली
प्रजातियां
शरण
पक्षी
मूल्यवान
बादल
स्तनधारी

65 - Haartypes

ध	ह	ध	क	◌ा	ल	◌ा	त	फ	त	ण	घ	ग	ढ
◌ू	उ	च	र	ह	स	ख	य	ञ	ट	प	◌ु़	◌ं	य
स	◌्	व	स	◌्	थ	थ	म	ट	ऊ	त	◌	ज	ल
र	म	भ	◌ू	र	◌ा	ए	ध	ष	द	भ	घ	◌ा	ह
ख	आ	◌ो	न	ट	ए	स	◌ू	ख	◌ा	उ	र	ष	र
◌ो	र	ग	ट	ख	थ	श	र	ञ	ए	ण	◌ा	स	◌ा
प	त	ल	◌ा	◌ा	स	उ	ग	श	घ	म	ल	त	त
ड	ञ	ट	प	ष	ड	आ	त	ड	ब	स	◌े	ट	◌ौ
◌़	ग	◌ो	र	◌ा	च	भ	ध	त	ठ	आ	फ	ऊ	इ
◌ी	च	ऊ	घ	ख	क	त	ष	ट	य	ल	य	◌े	च
र	◌ं	ग	◌ौ	न	र	म	च	◌ा	◌ॅ	द	◌ौ	प	द
ष	ल	ऊ	श	र	◌्	ट	ह	ऊ	ढ	फ	ऊ	श	छ
त	ए	र	भ	ष	ल	◌ं	ब	◌ा	ण	त	ण	ट	ध
थ	छ	आ	ए	ढ	ख	ष	य	स	ठ	ध	ह	व	घ

गोरा
भूरा
मोटा
सूखा
पतला
रंगीन
लट
स्वस्थ
लहराती
धूसर
खोपड़ी
गंजा
कम
कर्ल
घुंघराले
लंबा
सफेद
नरम
चाँदी
काला

66 - Gereedschap Voor het Kok

ढ	ट	ल	ष	ण	इ	ञ	व	ढ	ह	ब	न	इ	त
ख	क	◌ै	◌ं	च	◌ी	छ	ख	आ	स	म	प	आ	ए
छ	न	◌्	न	◌ी	ल	ध	ण	ज	व	ञ	घ	थ	श
प	आ	ट	क	◌े	त	ल	◌ी	◌ू	ब	इ	ठ	म	क
थ	◌ि	इ	ल	न	च	ट	◌ी	स	◌्	ट	र	ऊ	ट
र	ट	स	ढ	स	◌ा	ट	आ	र	ढ	र	च	ठ	ल
◌्	भ	◌्	◌ा	व	क	◌ो	ल	◌ं	ड	र	म	फ	र
म	व	ट	य	ई	◌ू	◌ा	द	प	त	◌ं	◌्	◌्	◌ी
◌ा	ख	◌ो	प	ञ	य	स	◌ं	ग	आ	ग	म	र	ञ
म	च	व	ष	ल	ठ	◌ं	ए	ट	न	श	च	◌ि	फ
◌ी	ड	ण	य	इ	ऊ	ष	त	ए	◌ा	ढ	फ	ज	ब
ट	आ	ल	ल	ष	घ	ए	ध	◌्	ऊ	छ	च	द	म
र	त	ल	श	श	प	ए	ध	ष	र	ओ	व	न	इ
ए	द	न	ए	ट	ग	भ	य	ट	द	उ	छ	ल	य

कटलरी
टोस्टर
ढक्कन
स्टोव
केतली
फ्रिज
चम्मच
चाकू
ओवन
पिसाइ यंत्र
जूसर
कैंची
रंग
थर्मामीटर
कोलंडर
कांटा
छन्नी

67 - Stad

स	प	घ	ग	ष	न	ब	ब	ड	स	ढ	च	ख	स
ष	◌ु	ऊ	◌ै	त	भ	◌ै	ह	◌े	◌्	ख	ण	भ	◌ं
व	च	प	ल	र	◌ो	◌ं	व	क	क	ल	ञ	त	ग
व	◌ि	ब	र	ड	ज	क	◌ा	◌्	◌ू	र	र	ट	◌्
प	ड	◌ा	◌ी	म	न	फ	ई	ल	ल	ग	◌ी	र	र
◌ु	◌़	ज	भ	फ	◌ा	◌ा	अ	◌ि	थ	द	य	ञ	ह
स	◌ि	◌ा	द	◌ू	ल	र	ड	न	ख	◌ि	ड	स	◌ा
◌्	य	र	◌ु	ल	य	◌्	◌्	◌ि	द	ष	ए	◌्	ल
त	◌ा	च	क	व	ह	म	ड	क	ड	ह	फ	ट	य
क	घ	ह	◌ा	◌ा	ह	◌े	◌ा	ड	◌े	◌ो	ण	◌े	र
◌ा	र	च	न	ल	ह	स	ञ	य	ढ	ट	ब	ड	प
ल	द	थ	छ	◌ा	आ	◌ी	छ	ष	र	ल	न	◌ि	द
य	स	◌ि	न	◌े	म	◌ा	ष	त	श	ड	ठ	य	ब
म	भ	ह	उ	द	म	ए	फ	ढ	ख	थ	ट	म	थ

फार्मेसी
बेकरी
बैंक
पुस्तकालय
सिनेमा
फूलवाला
चिड़ियाघर
गैलरी
होटल
क्लिनिक
हवाई अड्डा
बाजार
संग्रहालय
भोजनालय
स्कूल
स्टेडियम
सुपरमार्केट
थिएटर
दुकान

68 - Natuur

आ	र	◌्	क	ट	◌ि	क	ज	◌ं	ग	ल	◌ी	क	न
म	अ	ग	त	◌ि	श	◌ी	ल	◌ा	घ	ष	इ	ट	द
ध	भ	ब	र	इ	उ	ड	उ	ट	न	व	ब	◌ा	◌ी
◌ु	य	◌ा	ख	ब	ध	ण	भ	उ	द	व	फ	व	ल
म	◌ा	द	र	म	ह	त	◌्	व	प	◌ू	र	◌्	ण
क	र	ल	◌े	ढ	प	ष	आ	म	थ	इ	त	◌ो	श
◌्	ण	र	ग	प	व	व	ख	आ	ठ	ए	छ	य	◌ं
ख	◌्	ल	◌ि	न	◌ि	र	◌्	म	ल	र	ध	ट	ड
◌ि	य	भ	स	च	ञ	व	ण	आ	र	ह	ण	क	न
य	च	ट	◌्	ट	◌ा	न	◌ो	◌ं	थ	स	ब	◌ो	ग
◌ो	ध	प	त	◌्	त	◌े	आ	श	◌्	र	य	ह	थ
◌ं	ण	ग	◌ा	ग	◌्	ल	◌े	श	◌ि	य	र	र	व
य	ड	उ	न	स	◌ु	◌ं	द	र	त	◌ा	य	◌ा	प
ग	उ	ष	◌्	ण	क	ट	◌ि	ब	◌ं	ध	◌ी	य	द

आर्कटिक
मधुमक्खियों
वन
जानवरों
गतिशील
कटाव
पत्ते
ग्लेशियर
अभयारण्य
चट्टानों
कोहरा
नदी
सुंदरता
आश्रय
निर्मल
उष्णकटिबंधीय
महत्वपूर्ण
जंगली
रेगिस्तान
बादल

69 - Dinosaurussen

ग	श	श	◌ा	क	◌ा	ह	◌ा	र	◌ी	म	ब	श	ट
स	◌ि	इ	ध	अ	◌ं	त	र	◌्	ध	◌ा	न	क	त
आ	क	◌ा	र	ग	प	◌ं	ख	ऊ	आ	◌ं	र	◌्	स
घ	◌ा	ठ	ट	ष	ढ	◌ू	ए	द	ह	स	◌ै	त	र
श	र	ड	द	ड	इ	ढ	◌ं	च	र	◌ा	प	◌ि	◌्
प	◌ा	ञ	ण	घ	ष	न	ऊ	छ	श	ह	◌्	श	व
इ	र	त	ज	◌ी	व	◌ा	श	◌्	म	◌ा	ट	◌ा	भ
छ	ट	व	◌ि	क	◌ा	स	घ	य	ञ	र	र	ल	क
त	न	र	स	र	◌ी	स	◌ृ	प	श	◌ी	ए	◌ी	◌्
प	◌्	र	◌ा	ग	◌ै	त	◌ि	ह	◌ा	स	◌ि	क	ष
उ	ड	ष	ढ	त	ब	ब	ल	र	म	व	ट	घ	◌ी
व	द	श	ध	च	र	ड	ल	य	ठ	द	आ	फ	ल
व	◌ि	श	◌ा	ल	आ	इ	◌़	प	◌ृ	थ	◌्	व	◌ी
र	र	ख	थ	प	◌्	र	ज	◌ा	त	◌ि	य	◌ा	◌ं

पृथ्वी
मांसाहारी
विकास
जीवाश्म
बड़ा
आकार
शाकाहारी
शक्तिशाली
विशाल
सर्वभक्षी
प्रागैतिहासिक
शिकार
सरीसृप
रैप्टर
प्रजातियां
पूंछ
अंतर्धान
शातिर
पंख

70 - Zoogdieren

ट	ब	क	र	◌ी	इ	द	ज	व	प	आ	भ	भ	घ
व	◌्	ह	◌े	ल	भ	ड	ब	◌ि	ल	◌्	ल	◌ी	◌ो
ग	क	◌ो	य	◌ो	ट	प	उ	इ	र	घ	च	घ	ड
ण	◌ो	ष	ल	ठ	म	ष	क	◌ं	ग	◌ा	र	◌ू	◌़
ख	भ	र	छ	ग	क	◌ु	त	◌्	त	◌ा	फ	य	◌ा
ह	र	र	◌ि	ब	◌ं	द	र	ऊ	◌ॅ	ट	फ	◌़	ध
◌ा	ग	ग	ड	ल	◌ो	म	ड	◌़	◌ी	ऊ	द	ऊ	ञ
थ	श	ऊ	◌ो	ख	◌्	भ	◌े	ड	◌़	◌ि	य	◌ा	ढ
◌ी	छ	द	श	श	श	ल	ड	◌ॉ	ल	◌्	फ	◌ि	न
द	ब	ब	च	◌े	इ	ग	◌ा	ऊ	फ	ष	ण	ल	श
ध	◌ु	◌ि	र	र	ख	ध	य	व	फ	थ	ध	त	ऊ
ख	ल	ल	च	उ	ण	◌ा	ञ	य	ल	उ	घ	ए	य
ड	ट	◌ा	ठ	ह	ष	ब	ध	ब	छ	ढ	प	प	ण
थ	ऊ	व	द	ध	थ	य	छ	प	फ	ब	ठ	व	भ

बंदर
ऊदबिलाव
कोयोट
डॉल्फिन
गधा
बकरी
जिराफ़
गोरिल्ला
कुत्ता
ऊंट

कंगारू
बिल्ली
खरगोश
शेर
हाथी
घोड़ा
बुल
लोमड़ी
व्हेल
भेड़िया

71 - 1 Jaar Geleden

ब	इ	अ	ढ	ष	ऊ	उ	ण	ढ	द	र	इ	ग	श
◌ु	ञ	न	च	स	ठ	द	स	◌्	व	च	◌्	छ	व
द	ज	◌ि	ज	◌्	ञ	◌ा	स	◌ु	ऊ	स	ध	थ	थ
◌्	घ	र	ष	र	छ	र	व	ग	भ	ल	ध	य	थ
ध	फ	◌्	व	◌्	य	◌ा	व	ह	◌ा	र	◌ि	क	ठ
◌ि	ट	ण	ञ	घ	आ	उ	आ	व	व	ब	क	भ	प
म	ड	◌ा	थ	स	स	ब	ह	ढ	◌ु	त	ल	छ	प
◌ा	ष	य	आ	क	र	◌्	ष	क	क	र	◌ा	श	द
न	भ	क	इ	◌ु	उ	ऊ	व	ब	स	◌ो	त	ए	फ
ह	ड	म	ड	श	र	प	ग	त	ढ	ग	◌्	ञ	भ
म	प	प	फ	ल	ढ	ध	य	द	◌ं	◌ी	म	इ	घ
म	◌ा	म	◌ू	ल	◌ी	द	आ	◌ो	ग	त	क	ब	फ
व	◌ि	श	◌्	व	◌ा	स	त	ऊ	ग	द	◌्	घ	द
भ	र	ड	व	◌ि	श	◌्	व	स	न	◌ी	य	र	ढ

कलात्मक
उपयोगी
मामूली
निर्णायक
विश्वसनीय
आकर्षक
कुशल
भावुक
अच्छा
उदार
बुद्धिमान
जिज्ञासु
स्वतंत्र
रोगी
व्यावहारिक
स्वच्छ
ढंग
विश्वास

72 - Exploratie

ज	भ	◌ू	भ	◌ा	ग	न	इ	ञ	ट	ल	ऊ	घ	च
द	◌ो	ल	इ	ल	र	ख	ग	ण	व	ष	ड	इ	च
त	ह	ख	स	◌ं	स	◌्	क	◌ृ	त	◌ि	य	◌ो	◌ं
फ	प	व	◌ि	ठ	ढ	व	य	स	त	ज	ष	ढ	फ
र	ग	ण	य	म	ख	त	र	◌ो	◌ं	◌ा	ज	ग	उ
अ	न	ज	◌ा	न	भ	फ	उ	ख	च	न	◌ं	त	य
ऊ	द	ख	त	अ	द	◌ा	र	ष	छ	व	ग	◌ि	ह
न	य	◌ा	◌्	फ	◌ं	उ	ष	स	घ	र	ल	व	र
र	छ	स	र	द	ऊ	त	ड	◌ा	व	◌ो	◌ी	◌ि	ल
र	ड	◌ा	◌ा	◌ू	ह	◌्	र	स	ख	◌ं	द	ध	ठ
ठ	ष	ह	ट	र	ग	स	फ	◌ि	ख	◌ो	ज	◌ि	ञ
भ	ण	स	र	आ	ठ	◌ा	आ	थ	क	◌ा	व	ट	श
ख	ट	ञ	ध	ख	ध	ह	ण	छ	ञ	◌्	फ	घ	आ
द	◌ृ	ढ	◌़	न	◌ि	श	◌्	च	य	ब	ष	द	म

गतिविधि
दृढ़ निश्चय
संस्कृतियों
जानवरों
जोखिम
खतरों
साहस
नया
अनजान

खोज
उत्साह
यात्रा
अंतरिक्ष
भाषा
भूभाग
थकावट
दूर
जंगली

73 - Voertuigen

भ	न	द	ए	ट	स	र	ब	स	ब	ड	ठ	य	स
◌ू	◌ौ	ब	ण	◌ै	ञ	◌्	◌ो	ए	उ	ट	ण	व	◌ा
म	क	◌ा	र	क	ऊ	न	क	ग	व	ण	य	◌ि	इ
◌ि	◌ा	उ	ल	◌्	र	◌ा	ञ	◌ू	◌ी	ख	उ	म	क
ग	ल	ल	व	स	द	व	स	त	ट	व	ड	◌ा	◌ि
त	ह	◌े	ल	◌ी	क	◌ॉ	प	◌्	ट	र	◌ा	न	ल
म	फ	इ	आ	ष	घ	ल	ढ	ष	◌्	ट	व	ह	घ
◌ा	ट	◌्	र	◌े	न	म	उ	च	र	◌्	छ	ञ	न
र	थ	ट	◌ा	य	र	ध	◌ो	स	क	र	ऊ	ड	ए
◌्	क	◌ा	र	व	◌ा	◌ं	ब	ट	घ	◌ै	स	ग	व
ग	र	◌ॉ	क	◌े	ट	ह	◌े	त	र	क	ल	म	ऊ
भ	थ	घ	उ	ठ	प	न	ड	◌ु	ब	◌्	ब	◌ी	प
त	उ	ग	ध	ठ	र	स	◌़	स	श	ट	छ	ष	त
ष	म	व	य	ह	ह	ड	◌ा	म	थ	र	स	द	न

रोगी वाहन
कार
टायर
नाव
बस
कारवां
साइकिल
हेलीकॉप्टर
भूमिगत मार्ग
मोटर
पनडुब्बी
रॉकेट
स्कूटर
टैक्सी
ट्रैक्टर
ट्रेन
नौका
विमान
बेड़ा
ट्रक

74 - Geografie

प	ढ	ध	ग	स	ऊ	ड	द	च	छ	म	ध	ह	भ
न	घ	ध	◌ो	थ	म	◌ं	त	घ	आ	ध	द	भ	◌ू
क	ए	ट	ल	स	अ	◌ु	च	प	श	◌्	च	◌ि	म
◌्	क	थ	◌ा	◌ा	क	र	द	◌ा	ञ	य	ञ	व	ध
श	◌्	घ	र	ग	◌्	द	ठ	◌्	ई	◌ा	भ	ल	◌्
◌ा	ष	ह	◌्	र	ष	◌ु	◌े	च	र	ह	थ	ख	य
न	◌े	य	ध	प	◌ा	न	उ	श	स	◌्	य	श	र
उ	त	◌्	त	र	◌ं	◌ि	ञ	द	ख	न	ट	आ	◌े
ग	◌्	आ	न	ढ	श	य	म	क	य	द	र	श	ख
ड	र	य	घ	म	ह	◌ा	द	◌्	व	◌ी	प	ह	◌ा
ए	फ	प	ह	◌ा	ड	◌़	च	ष	ऊ	ट	भ	र	न
ट	ट	उ	ल	न	व	आ	उ	◌ि	ह	श	र	न	र
घ	छ	ठ	य	ञ	ब	आ	च	ण	ह	ण	प	ड	ब
ढ	म	घ	ध	ण	प	फ	ड	द	◌्	व	◌ी	प	स

एटलस
पहाड़
अक्षांश
महाद्वीप
द्वीप
भूमध्य रेखा
गोलार्ध
ऊंचाई
नक्शा
देश
मध्याह्न
उत्तर
सागर
क्षेत्र
नदी
शहर
दुनिया
पश्चिम
समुद्र
दक्षिण

75 - Kunstbenodigdheden

ट	ढ	ऊ	म	म	ज	व	ि	च	ा	र	ो	ं	व
प	े	ं	स	ि	ल	ह	व	ठ	प	ं	ब	ण	द
र	े	च	न	ट	र	उ	ग	र	न	ग	ऊ	ड	ए
च	ए	ं	थ	्	ं	द	ह	श	द	ग	आ	थ	़
न	क	प	ट	ट	ग	ह	श	ण	र	ल	ऊ	ष	त
ा	्	े	उ	ी	ो	त	े	ल	ब	्	र	श	न
त	र	स	उ	व	ं	क	य	द	भ	ख	ध	ठ	ठ
्	ि	्	घ	ख	द	द	ु	ठ	स	ण	ष	स	र
म	ल	ट	ण	च	ि	त	्	र	फ	ल	क	ट	छ
क	ि	ल	क	ै	म	र	ा	स	्	य	ा	ह	ी
त	क	च	ख	स	ह	ह	आ	प	ढ	स	श	म	ब
ा	इ	म	ए	ब	ठ	ह	क	ा	ग	ज	ी	य	इ
व	न	ढ	र	ष	ख	ग	ख	न	ट	े	ब	ल	ध
प	छ	म	आ	च	छ	भ	ख	ी	ढ	उ	ञ	म	ठ

एक्रीलिक
जल रंग
ब्रश
कैमरा
रचनात्मकता
चित्रफलक
रबड़
विचारों
स्याही
मिट्टी
रंग
गोंद
तेल
कागज
पेस्टल
पेंसिल
कुर्सी
टेबल
पेंट
पानी

76 - Barbecues

ष	ड	त	ध	फ	र	न	ष	व	छ	ग	भ	ठ	र
म	ड	म	ट	ब	◌ा	य	◌ि	म	◌ि	र	◌्	च	ञ
ट	ड	ख	न	य	त	भ	ग	म	त	म	थ	ड	र
उ	म	ढ	श	स	क	प	◌्	स	◌ं	ग	◌ी	त	ष
इ	प	◌ा	श	आ	◌ा	प	र	च	ञ	त	ण	ब	प
य	उ	त	ट	ख	ख	ष	◌ि	◌ि	आ	च	◌्	ग	ऊ
ठ	ड	द	ण	र	◌ा	ड	ल	क	व	म	प	र	ट
प	◌्	य	◌ा	ज	न	ग	ल	न	ख	◌ा	आ	◌्	ण
प	स	ल	◌ा	द	◌ा	भ	न	म	क	भ	र	म	ख
न	य	फ	ष	ए	उ	◌ू	ड	छ	न	ढ	ध	◌ी	भ
क	◌ा	◌ं	ट	◌े	स	ख	च	ट	न	◌ी	ष	फ	ड
ह	च	◌ा	क	◌ू	स	ब	◌्	ज	◌ि	य	◌ा	◌ं	थ
फ	द	◌ो	प	ह	र	क	◌ा	भ	◌ो	ज	न	ष	ष
ल	ल	ड	ऊ	फ	ध	ञ	म	श	ण	ट	थ	ञ	फ

रात का खाना
परिवार
फल
ग्रिल
सब्जियां
गरम
भूख
चिकन
दोपहर का भोजन
चाकू
संगीत
मिर्च
सलाद
चटनी
टमाटर
प्याज
निमंत्रण
कांटे
गर्मी
नमक

77 - Wetenschappelijke Discip

र	क	र	श	इ	प	य	फ	भ	म	स	ष	भ	ऊ
स	◌ा	◌ो	र	म	◌ु	◌ा	◌ि	◌ू	न	म	इ	◌ौ	ष
◌ा	इ	ब	◌ी	◌्	र	◌ं	ज	व	◌ो	◌ा	स	त	◌्
य	न	◌ो	र	य	◌ा	त	◌ि	◌ि	व	ज	ख	◌ि	म
न	◌्	ट	र	◌ू	त	◌्	य	ज	◌ि	श	न	क	प
व	स	◌ि	च	न	त	र	◌ो	◌्	ज	◌ा	◌ि	व	◌्
◌ि	◌ि	क	न	◌ो	◌्	◌ि	ल	ञ	◌्	स	ज	◌ि	र
ज	य	◌्	◌ा	ल	व	क	◌ॉ	◌ा	ञ	◌्	व	ज	व
◌्	◌ो	स	श	◌ॉ	ग	◌ी	ज	न	◌ा	त	◌ि	◌्	◌ै
ञ	ल	प	श	ज	ष	द	◌ी	ध	न	◌्	द	ञ	ग
◌ा	◌ॉ	ऊ	स	◌ी	प	◌ो	ष	ण	म	र	◌्	◌ा	◌ि
न	ज	◌ी	व	व	◌ि	ज	◌्	ञ	◌ा	न	य	न	क
य	◌ी	ख	ग	◌ो	ल	व	◌ि	ज	◌्	ञ	◌ा	न	◌ी
म	◌ौ	स	म	व	◌ि	ज	◌्	ञ	◌ा	न	उ	स	ष

शरीर रचना
पुरातत्व
खगोल विज्ञान
जीवविज्ञान
रसायन विज्ञान
फिजियोलॉजी
भूविज्ञान
इम्यूनोलॉजी
काइन्सियोलॉजी
यांत्रिकी
मौसम विज्ञान
खनिज विद्या
भौतिक विज्ञान
मनोविज्ञान
रोबोटिक्स
समाज शास्त्र
ऊष्मप्रवैगिकी
पोषण

78 - Bijvoeglijke Naamwoorden

न	न	ि	द	्	र	ा	ल	ु	ज	ए	व	ढ	ढ
थ	ा	श	ु	द	्	ध	ख	ड	ब	ं	थ	ष	स
क	ए	ट	स	ा	ध	ा	र	ण	उ	इ	ग	ष	ह
ग	स	छ	क	प	ह	न	च	ञ	उ	न	य	ल	ढ
य	ण	ट	च	ी	न	ध	ए	ग	आ	म	ह	प	ी
ा	ल	ध	ग	ए	य	ब	ग	व	स	क	फ	र	म
ट	आ	च	ड	प	ध	ग	र	ग	स	ी	भ	च	ज
व	र	्	ण	न	ा	त	्	म	क	न	भ	न	ब
ध	ध	ऊ	श	य	स	्	व	स	्	थ	ू	ा	ू
उ	त	्	प	ा	द	क	न	ग	इ	भ	ख	त	त
न	स	प	्	र	ा	क	ृ	त	ि	क	ा	्	स
उ	ए	ध	ज	ि	म	्	म	े	द	ा	र	म	र
य	प	फ	द	ि	ल	च	स	्	प	य	ख	क	त
र	आ	छ	उ	प	ह	ा	र	द	ि	य	ा	छ	भ

उपहार दिया
वर्णनात्मक
रचनात्मक
नाटकीय
स्वस्थ
भूखा
दिलचस्प
थक गया
प्राकृतिक
नया
साधारण
उत्पादक
निद्रालु
मजबूत
गर्व
जिम्मेदार
जंगली
नमकीन
शुद्ध

79 - Kleding

ल	फ	भ	ट	ष	च	स	ज	ख	फ	द	ष	ख	ष
प	ऊ	श	न	स	इ	ब	◌ै	ख	ग	◌ु	ह	उ	व
◌ो	◌ा	त	ब	व	उ	ख	क	◌ो	ट	प	ह	व	फ
श	व	ज	ल	स	◌्	व	◌े	ट	र	ट	थ	थ	◌ै
◌ा	उ	उ	◌ा	ह	◌ा	र	ट	ए	प	◌्	र	न	श
क	◌ं	ग	न	म	स	◌्	क	र	◌्	ट	व	आ	न
ज	◌ू	त	◌ा	◌ो	◌ा	द	ब	◌्	ल	◌ा	उ	ज	ञ
उ	ञ	र	ब	ज	ल	भ	स	ट	उ	य	ध	ख	ञ
उ	ह	य	◌े	◌े	ष	ब	◌ै	◌्	◌ो	ध	ब	द	ष
घ	इ	द	ल	न	थ	ब	◌ं	स	त	प	म	घ	व
आ	ब	आ	◌्	व	द	उ	ड	ग	प	◌ा	◌ी	ह	क
च	ट	व	ट	ञ	च	ख	ल	घ	ह	इ	न	छ	म
छ	ण	च	न	श	ण	म	ल	ण	च	इ	र	◌े	◌ी
ख	फ	ग	प	◌ै	◌ं	ट	घ	द	ड	ख	ठ	ग	ज

कंगन
ब्लाउज
पैंट
दस्ताने
टोपी
कोट
जैकेट
पोशाक
हार
फैशन

पाजामा
बेल्ट
स्कर्ट
सैंडल
जूता
एप्रन
कमीज
दुपट्टा
मोजे
स्वेटर

80 - Vliegtuigen

इ	ड	ल	ड	फ	भ	छ	घ	छ	फ	ध	त	व	फ
न	त	ि	अ	व	त	र	ण	त	ऊ	ं	च	ा	ई
ड	न	ि	ज	ढ	ढ	ढ	इ	आ	प	च	ग	य	ण
ऊ	े	घ	ह	ा	स	ब	ं	ठ	ण	श	ष	ु	थ
द	व	ं	श	ा	इ	छ	ज	ञ	ब	व	ह	म	ह
त	ि	ख	य	प	स	न	न	ष	घ	घ	थ	ं	ा
इ	ग	श	प	र	ड	ि	ब	इ	ण	छ	ग	ड	इ
ह	े	व	ा	य	ु	र	प	व	ण	क	ु	ल	ड
य	ट	र	य	ष	ड	्	ए	य	ऊ	्	ब	स	्
च	प	ड	ल	र	च	म	ई	ा	ह	र	्	त	र
व	फ	ल	ट	अ	श	ा	ं	त	ि	ू	ब	न	ो
स	ा	ह	स	ि	क	ण	ध	्	आ	क	ा	श	ज
ग	ब	र	ए	त	ड	द	न	र	श	प	र	व	न
ह	ट	प	व	थ	उ	स	प	ो	ट	ट	ा	ख	य

वंश
वायुमंडल
साहसिक
गुब्बारा
क्रू
निर्माण
ईंधन
इतिहास
आकाश
ऊंचाई

अवतरण
वायु
इंजन
नेविगेट
डिजाइन
यात्री
पायलट
दिशा
अशांति
हाइड्रोजन

81 - Herbalisme

इ	ल	ल	च	स	फ	ठ	ध	अ	ज	व	◌ा	य	न
ट	ढ	ह	छ	घ	उ	ख	न	आ	ट	द	ध	ए	ख
फ	त	स	घ	ट	ब	न	◌ि	ए	क	◌े	स	र	ल
◌ू	ध	◌ु	◌्	क	आ	थ	य	ह	◌ु	ट	◌ौ	आ	◌ै
ल	य	न	ष	व	स	त	◌ा	र	ठ	त	◌ं	ल	व
आ	उ	ट	ट	ढ	◌ा	त	ध	◌ा	र	प	फ	ग	◌ें
ब	ख	ऊ	ञ	ञ	ड	द	ष	द	◌ा	भ	◌ा	फ	◌ं
ग	◌ु	ण	व	त	◌्	त	◌ा	◌ि	त	प	प	क	ड
◌ी	श	थ	ह	आ	थ	◌ु	ष	ल	व	स	ष	च	र
च	ब	च	थ	थ	ष	ल	स	छ	छ	अ	इ	भ	ण
◌ा	◌ू	आ	द	घ	ञ	स	उ	ख	च	ज	ए	ड	ख
र	द	द	त	◌ौ	श	◌ी	प	म	ड	म	ब	फ	उ
ऊ	◌ा	च	ढ	ठ	न	त	◌ा	र	ग	◌ो	न	ण	घ
ड	र	व	न	श	उ	◌ी	श	ध	ष	द	च	ष	ह

खुशबूदार
तुलसी
फूल
पाक
दिल
तारगोन
हरा
घटक
लहसुन
धनिया
गुणवत्ता
लैवेंडर
कुठरा
अजमोद
दौनी
केसर
स्वाद
अजवायन
बगीचा
सौंफ

82 - Piraten

ख	ज	◌ा	न	◌ा	द	◌ं	त	क	थ	◌ा	व	ह	स
श	त	◌ो	त	◌ा	स	◌ा	ह	स	◌ि	क	न	घ	म
स	फ	र	झ	◌ं	ड	◌ा	थ	इ	ठ	ऊ	क	आ	◌ु
◌ो	ञ	स	◌ा	ग	र	त	इ	य	फ	स	◌्	छ	द
न	ब	◌ु	र	◌ा	र	इ	य	द	फ	ठ	श	ध	◌्
◌ा	◌ि	ग	◌ु	फ	◌ा	फ	द	छ	ए	य	◌ा	प	र
द	क	श	ष	ड	स	ध	ल	फ	ठ	ल	च	व	त
फ	◌्	य	◌ा	थ	ट	श	घ	त	ञ	फ	प	ऊ	ट
न	र	व	य	न	प	ञ	ब	स	च	च	त	ब	ण
ख	◌ू	आ	◌ी	ठ	ठ	प	आ	ल	ग	ण	च	ल	थ
आ	भ	ड	क	प	◌्	त	◌ा	न	इ	फ	ष	◌ं	उ
ख	त	ल	व	◌ा	र	छ	प	ग	य	ह	उ	ग	म
द	◌ि	क	◌्	स	◌ू	च	क	ड	उ	थ	ढ	र	म
ए	ल	आ	भ	ए	ट	छ	ख	ब	ख	भ	ह	फ	उ

लंगर
साहसिक
क्रू
द्वीप
खतरा
सोना
गुफा
नक्शा
कप्तान
दिक्सूचक
दंतकथा
निशान
सागर
तोता
रम
खजाना
बुरा
समुद्र तट
झंडा
तलवार

83 - Om in te Vullen

व	थ	ड	न	ब	ल	ट	ह	स	ू	ट	क	े	स
म	त	न	ड	फ	ि	फ	ो	ट	घ	र	ा	व	ऊ
घ	श	प	फ	ल	फ	उ	आ	क	द	च	र	श	ग
ट	घ	च	़	ग	ा	ट	ढ	न	र	त	्	र	छ
न	घ	ख	ो	ल	फ	व	्	ध	ा	ी	ट	म	श
ग	ठ	न	ल	प	ा	ध	भ	य	ज	ड	न	ट	ब
ब	ा	ल	्	ट	ी	ज	े	ब	ू	त	व	न	श
ै	ट	ब	ड	ठ	ठ	ब	ट	न	छ	ब	ण	न	ब
र	प	ो	र	ह	र	घ	ो	छ	ऊ	न	ब	स	च
ल	च	त	थ	य	फ	ा	क	प	ड	ढ	ल	त	ड
फ	ू	ल	द	ा	न	ट	र	इ	र	र	ऊ	ऊ	ध
ब	ॉ	क	्	स	थ	ी	ा	ञ	फ	उ	घ	स	ब
ध	ह	द	इ	न	इ	ठ	थ	ट	्	र	े	भ	घ
ण	भ	ट	प	ै	क	े	ट	ऊ	ष	ब	ष	ठ	त

घाटी
ट्यूब
ट्रे
बॉक्स
बाल्टी
लिफाफा
बोतल
कार्टन
सूटकेस
टोकरा
दराज
टोकरी
फ़ोल्डर
पैकेट
फूलदान
बैरल
जेब

84 - Surfen

च	र	म	◌ौ	स	म	छ	ट	ड	च	ढ	ट	आ	थ
◌ै	ठ	ढ	ट	ट	ह	ए	ब	ढ	उ	न	ऊ	स	ख
◌ं	प	ल	ऊ	फ	◌ो	म	र	य	ण	त	श	फ	त
प	भ	◌ी	ड	◌़	न	इ	ढ	ड	न	ग	◌ु	प	आ
◌ि	◌े	भ	द	व	ख	ल	◌ो	क	प	◌्	र	◌ि	य
य	भ	ट	य	ढ	द	◌ि	ल	थ	फ	छ	◌ु	ठ	ञ
न	व	उ	भ	ष	श	◌ै	ल	◌ी	व	ध	आ	र	ध
च	ट	◌्	ट	◌ा	न	च	द	◌ा	फ	श	त	भ	छ
ढ	स	म	◌ु	द	◌्	र	त	ट	ड	इ	छ	इ	ख
च	◌ा	ड	ज	य	छ	फ	◌ा	स	ञ	◌़	फ	ग	ख
ञ	ग	द	ल	◌़	आ	इ	क	व	ड	ञ	◌ी	त	घ
य	र	र	ए	ल	◌ा	ब	त	ल	ह	र	फ	◌ि	ञ
द	ब	आ	ल	थ	ब	ख	थ	ञ	ढ	ठ	स	म	न
ध	व	द	उ	ध	ष	श	ञ	ढ	उ	ट	ढ	घ	त

खिलाड़ी
शुरुआत
चरम
लहर
चैंपियन
ताकत
पेट
भीड़
सागर
मज़ा
लोकप्रिय
चट्टान
फोम
गति
शैली
समुद्र तट
मौसम

85 - Rijden

ग	◌ै	स	न	न	ल	ट	◌्	र	क	प	व	फ	ब
ल	इ	ञ	क	र	◌ा	इ	र	त	स	प	ल	ह	◌्
◌ी	ए	ष	◌्	ष	इ	ड	म	व	ध	◌ु	ब	ड	र
आ	भ	ञ	श	ण	स	ऊ	ब	य	ध	ल	र	ई	◌े
म	स	भ	◌ा	य	◌े	घ	ए	य	ध	ि◌	म	◌ं	क
स	त	ग	छ	ब	◌ं	ख	ग	◌ा	थ	स	◌ो	ध	ग
ग	◌ु	च	न	प	स	ड	ड	त	ह	श	ट	न	ख
◌ै	स	र	प	◌ै	द	ल	य	◌ा	त	◌्	र	◌ी	त
र	ड	घ	क	भ	व	व	ए	य	आ	ह	स	ध	र
◌े	◌़	भ	ष	◌्	ब	ण	ग	◌ा	फ	ठ	◌ा	क	◌ा
ज	क	य	य	र	ष	ध	घ	त	ढ	ध	इ	◌ा	म
म	◌ो	ट	र	ढ	आ	◌ा	त	ड	ि◌	इ	क	र	ह
द	◌ु	र	◌्	घ	ट	न	◌ा	ष	छ	भ	ि◌	प	घ
ष	ख	घ	ष	श	ए	ट	ह	ए	न	इ	ल	ञ	इ

कार
ईंधन
गैरेज
गैस
खतरा
नक्शा
लाइसेंस
मोटर
मोटरसाइकिल
दुर्घटना
पुलिस
ब्रेक
गति
गली
सुरंग
सुरक्षा
यातायात
पैदल यात्री
ट्रक
सड़क

86 - Wetenschap

प	◌्	र	क	◌ृ	त	◌ि	ध	त	अ	ल	ए	ष	फ
ख	र	ज	ल	व	◌ा	य	◌ु	र	ण	ट	ए	त	ढ
व	ख	◌ि	श	भ	व	ञ	प	◌ो	◌ु	फ	म	ट	ल
य	◌ि	ष	क	ण	◌ै	ब	म	क	ओ	व	ऊ	श	ष
ह	ब	क	फ	ल	ज	◌ी	व	◌ा	◌ं	त	उ	घ	ख
ड	◌े	ट	◌ा	प	◌्	र	य	◌ो	ग	श	◌ा	ल	◌ा
ज	थ	ग	श	स	ञ	प	ख	ञ	ढ	ढ	थ	आ	फ
द	◌ी	अ	च	ञ	◌ा	भ	न	प	◌्	र	य	◌ो	ग
थ	ढ	व	र	ध	न	प	◌ि	◌ा	इ	ठ	प	आ	ए
घ	ण	ल	◌ा	न	◌ि	इ	ज	ष	छ	ख	फ	उ	ब
प	ध	◌ो	प	श	क	र	◌ा	स	◌ा	य	न	◌ि	क
न	ट	क	त	थ	◌्	य	इ	ह	द	ड	ए	ष	भ
ऊ	द	न	घ	ए	श	म	ख	स	त	ऊ	ध	म	व
ब	ल	य	प	र	म	◌ा	ण	◌ु	ए	ड	ल	ध	ए

परमाणु
रासायनिक
कण
विकास
प्रयोग
तथ्य
जीवाश्म
डेटा
परिकल्पना
जलवायु
प्रयोगशाला
तरीका
खनिज
अणुओं
प्रकृति
अवलोकन
जीव
वैज्ञानिक

87 - Badkamer

श	श	छ	त	ण	द	ब	द	ऊ	ण	ह	इ	य	आ
ढ	◌ै	ब	ग	ख	र	◌ौ	इ	छ	ढ	ष	ण	ल	स
त	द	म	स	स	◌्	छ	त	त	◌ौ	ल	◌ि	य	◌ा
इ	ध	ब	◌्	◌्	प	◌ा	न	◌ौ	◌्	घ	आ	ञ	ब
ल	ह	उ	न	प	ण	र	ड	भ	ब	र	भ	ण	◌ु
स	भ	ड	◌ा	◌ं	◌ू	व	र	य	◌ु	च	त	घ	न
श	ण	ढ	न	ज	प	ञ	भ	भ	ल	ब	च	म	क
श	म	भ	य	ग	ल	◌ौ	च	◌ा	ब	प	स	ग	◌ै
ड	◌ौ	ल	ह	ब	◌ो	घ	ठ	प	◌ु	ब	स	न	◌ं
इ	ष	च	घ	ढ	श	इ	ग	ढ	ल	च	ञ	घ	च
ष	उ	ल	◌ा	न	न	ग	य	व	◌े	ख	ठ	न	◌ौ
ह	ञ	प	ट	ल	ड	ड	ए	ञ	ठ	ण	न	ल	ञ
ठ	ध	छ	स	न	य	ञ	ठ	ह	च	ढ	फ	छ	द
थ	ट	ऊ	ञ	ह	व	ण	य	ढ	ड	न	श	ख	इ

स्नान
बुलबुले
बौछार
तौलिया
नल
लोशन
इत्र
कैंची
शैम्पू
दर्पण
स्पंज
भाप
गलीचा
पानी
शौचालय
साबुन

88 - Hulpmiddelen

ड	श	ट	श	त	ल	व	ञ	ढ	उ	य	भ	ख	आ
द	म	द	ब	ए	म	ढ	इ	प	ऊ	ञ	आ	ध	ण
ण	थ	ब	आ	फ	ग	ट	र	श	श	ढ	म	भ	प
घ	र	ब	य	उ	ष	ण	ध	प	क	ऊ	ग	आ	ह
ढ	उ	म	म	ए	द	छ	ञ	◌े	व	◌ै	◌ो	श	◌ि
श	स	च	श	◌ा	स	क	ख	◌ं	◌्	व	◌ं	ट	य
ल	◌्	फ	◌ा	व	ड	◌़	◌ा	च	य	ष	द	च	◌ा
न	त	ण	ल	क	च	ख	ट	प	व	ए	र	ठ	◌ी
ढ	र	ख	ण	द	◌ू	थ	फ	र	स	◌्	स	◌ी	ह
म	◌ा	घ	श	क	◌ु	ल	◌्	ह	◌ा	ड	◌़	◌ी	थ
स	◌ौ	ढ	◌़	◌ी	स	घ	क	ट	य	घ	ट	स	◌ौ
ब	स	र	◌ौ	त	◌ा	थ	ल	◌े	◌ी	ञ	ग	ल	ड
न	द	ढ	छ	च	आ	ख	ट	ख	ब	उ	ग	छ	◌़
ण	स	ख	उ	थ	व	ण	व	आ	ष	ल	ढ	प	◌ा

कुल्हाड़ी
मशाल
हथौड़ा
शासक
केबल
सीढ़ी
गोंद
चाकू
व्यवसायी
कैंची
उस्तरा
फावड़ा
पेंच
सरौता
रस्सी
पहिया

89 - Speelgoed

ग	◌े	◌ं	द	म	प	स	प	म	श	ध	छ	ह	उ
ट	ल	ण	ग	ि◌	ध	◌ा	ह	च	च	त	य	ख	य
फ	त	आ	ख	ट	ञ	इ	◌े	ह	द	ब	र	च	ण
व	ट	ल	ट	◌्	र	क	ल	◌्	प	न	◌ा	◌ं	र
ब	छ	र	ठ	ट	इ	ि◌	◌ी	ख	◌्	व	स	स	ज
आ	श	ह	त	◌ी	थ	ल	ष	त	र	ग	उ	त	ध
ल	स	थ	ञ	न	त	भ	ष	ढ	ि◌	◌ु	र	ष	ढ
ग	ञ	ढ	ह	स	ख	ध	य	इ	य	ड	◌्	र	म
प	◌ु	स	◌्	त	क	◌े	◌ं	ञ	ट	◌़	थ	प	ञ
ध	त	र	◌ो	ब	◌ो	ट	ल	छ	श	ि◌	ल	◌्	प
न	ब	◌ं	ट	◌्	र	◌े	न	ढ	उ	य	ल	त	◌े
◌ा	त	ल	ग	ञ	द	फ	ख	ए	क	◌ा	र	भ	◌ं
व	ि◌	म	◌ा	न	ठ	उ	छ	द	थ	ञ	श	फ	ट
छ	प	ध	ऊ	श	श	ध	ठ	ष	द	ञ	ध	ढ	श

शिल्प
कार
गेंद
पुस्तकें
नाव
ड्रम
प्रिय
साइकिल
खेल
मिट्टी

गुड़िया
पहेली
रोबोट
शतरंज
ट्रेन
कल्पना
पेंट
पतंग
विमान
ट्रक

90 - Muziekinstrumenten

ब	◌ै	◌ं	ज	◌ो	य	ष	ब	ए	झ	ढ	प	व	आ
व	◌ा	य	ल	न	च	◌े	ल	◌ो	◌ं	ष	स	◌ा	न
म	◌ै	◌ं	ड	◌ो	ल	◌ि	न	ख	क	न	◌ै	य	ढ
ढ	न	ढ	स	ध	ऊ	घ	उ	ट	◌ा	ड	क	ल	च
ञ	प	ब	छ	◌ु	ध	ध	ल	य	र	उ	◌्	◌ि	त
ब	◌ा	स	◌ू	न	र	श	ह	न	◌ा	ई	स	न	◌ु
घ	प	ग	ग	ल	ए	◌ी	ग	ट	च	ण	◌ो	ग	र
त	◌ं	◌ि	म	घ	ढ	प	ण	प	ड	इ	फ	ग	ह
ड	ग	ट	क	◌्	क	र	घ	घ	इ	ढ	◌ो	र	◌ी
फ	ण	◌ा	◌ा	ध	ख	ढ	प	◌ि	य	◌ा	न	◌ो	ल
म	ब	र	फ	भ	ष	ठ	◌ो	व	◌ी	ण	◌ा	ढ	ख
म	ढ	ण	उ	व	उ	म	घ	ल	य	श	ग	उ	त
ऊ	य	र	प	ठ	ह	ट	ह	ण	न	न	ण	फ	ष
ह	उ	ग	थ	द	ड	ए	घ	व	च	ट	ष	ड	छ

बैंजो
वायलनचेलो
बासून
बांसुरी
गिटार
घंटा
वीणा
शहनाई
झंकार
मैंडोलिन
टक्कर
पियानो
सैक्सोफोन
डफ
ढोल
तुरही
वायलिन

91 - Activiteiten en Vrije Ti

घ	ठ	ग	ल	य	आ	र	ा	म	फ	ब	च	म	ल
ट	प	ठ	ए	ब	ा	ण	ख	ऊ	घ	ा	ि	ु	ठ
र	ञ	स	ष	स	उ	त	आ	म	ल	स	त	क	श
र	ह	र	ल	ऊ	त	न	्	ल	ख	्	्	्	म
ब	ड	ा	इ	व	ि	ं	ग	र	आ	क	र	क	छ
ा	े	च	भ	ध	ग	ऊ	स	श	ा	े	क	े	ल
ग	र	स	म	ए	व	ढ	ए	ऊ	य	ट	ा	ब	ी
व	ा	र	ब	त	ै	र	ा	क	ी	ब	र	ा	प
ा	ड	्	व	ॉ	ल	ी	ब	ॉ	ल	ॉ	ी	ज	क
न	ा	फ	ण	ग	ल	ण	भ	ष	ध	ल	श	ी	ड
ौ	ल	ि	च	ष	ञ	च	ग	ष	ल	स	ौ	ञ	़
ख	न	ं	फ	म	द	च	ढ	श	थ	ढ	क	भ	न
ञ	ा	ग	ो	ल	्	फ	य	ट	प	ड	इ	ल	े
ट	े	न	ि	स	च	आ	ष	छ	ऊ	म	छ	छ	ा

बास्केटबॉल
मुक्केबाजी
डाइविंग
गोल्फ
मछली पकड़ने
शौक
बेसबॉल
डेरा डालना
कला
आराम
यात्रा
चित्रकारी
सर्फिंग
टेनिस
बागवानी
वॉलीबॉल
तैराकी

92 - Water

त	म	ण	न	भ	ब	◌ा	ढ	◌़	न	ए	न	उ	व
र	◌ा	ण	व	◌ा	ष	◌्	प	◌ी	क	र	ण	म	र
च	न	द	आ	प	ह	ऊ	न	ल	ध	त	ऊ	फ	◌्
घ	स	प	त	स	ष	ए	ह	द	आ	ढ	द	प	ष
ञ	◌ू	ह	ट	◌ा	ध	◌ा	र	◌ा	◌ी	ह	छ	ह	◌ा
स	न	ह	ए	ग	ष	आ	ध	ख	श	ख	व	ल	ढ
ऊ	◌ि	ल	ह	र	◌े	◌ं	व	इ	ह	ढ	इ	व	द
ठ	श	◌ं	ह	म	ठ	ढ	आ	छ	प	ल	च	ए	ऊ
ल	ञ	य	च	म	प	छ	ठ	ड	ब	थ	ञ	फ	म
ढ	ह	भ	घ	◌ा	प	घ	न	त	ठ	◌ं	ढ	ह	न
ग	ढ	थ	ऊ	ब	ई	ब	◌ौ	छ	◌ा	र	ग	ञ	न
म	घ	च	स	ण	ध	र	ट	म	च	च	न	य	म
य	छ	फ	उ	फ	ग	◌्	व	ढ	द	झ	◌ी	ल	◌ी
भ	य	उ	ए	त	◌ू	फ	◌ा	न	स	ण	य	ढ	ख

बौछार
लहरें
बर्फ
सिंचाई
नहर
झील
मानसून
सागर
तूफान

बाढ़
वर्षा
नदी
भाप
धारा
वाष्पीकरण
नमी
नम
ठंढ

93 - Schaken

न	य	ड	म	ख	◌े	ल	ढ	आ	स	उ	फ	ख	छ
व	◌ि	क	र	◌्	ण	ढ	व	च	फ	म	श	ड	न
थ	ट	ष	ष	ष	फ	फ	व	◌ै	◌े	ढ	य	ष	र
ण	च	ष	◌्	ष	फ	ब	ढ	◌ं	द	ख	ऊ	इ	ण
च	◌ु	भ	श	क	ह	छ	ल	प	त	क	ढ	ट	न
इ	न	ख	ऊ	छ	◌्	ख	ख	◌ि	ल	◌ा	ड	◌़	◌ी
ड	◌ौ	ड	ढ	ट	व	र	र	य	द	ल	ध	द	त
च	त	◌ु	र	व	च	◌ा	◌ि	न	र	◌ा	ण	प	◌ि
व	◌ि	र	◌ो	ध	◌ी	न	◌ि	य	म	द	न	थ	घ
ड	य	◌ा	ए	ग	ख	◌ी	ए	घ	द	ण	अ	इ	ख
च	◌ो	ज	ट	◌ू	र	◌्	न	◌ा	म	◌े	◌ं	ट	ड
ख	◌ं	◌ा	ठ	ड	ड	न	ट	ढ	ढ	ड	क	म	ह
म	प	◌्	र	त	◌ि	य	◌ो	ग	◌ि	त	◌ा	घ	ल
र	फ	ल	ण	व	ह	उ	ख	ह	द	ए	ऊ	द	ट

विकर्ण
चैंपियन
राजा
रानी
बलिदान
निष्क्रिय
अंक
नियम
चतुर
खेल
खिलाड़ी
रणनीति
विरोधी
समय
टूर्नामेंट
चुनौतियों
प्रतियोगिता
सफेद
काला

94 - Boerderij #1

ञ	ल	ब	श	प	र	ग	ल	द	ऊ	उ	ख	घ	ढ
घ	◌ो	ड	◌़	◌ा	च	उ	व	व	ऊ	छ	◌े	◌ा	श
छ	च	उ	न	न	त	र	स	द	ष	ल	त	स	ह
ग	म	भ	ह	◌ी	च	◌्	उ	उ	ल	उ	न	फ	द
छ	ध	उ	च	इ	घ	व	आ	थ	ख	ष	च	ष	ञ
झ	◌ु	◌ं	ड	ब	उ	र	ग	ध	◌ा	च	◌ि	क	न
स	म	त	ट	◌ा	◌ि	क	क	◌ु	त	◌्	त	◌ा	ब
ए	क	◌ौ	आ	ड	ष	ल	र	ञ	श	स	ष	ड	◌ौ
ड	◌्	◌ृ	ल	◌़	ढ	च	◌्	ब	ग	◌ा	य	च	ज
ग	ख	ख	ष	ब	क	र	◌ौ	ल	छ	ह	ठ	ब	द
इ	◌ी	र	ह	◌ि	च	◌ा	व	ल	◌ी	ड	ठ	आ	र
न	ण	ब	ख	ग	व	ठ	ल	छ	भ	छ	◌़	फ	न
न	ण	ञ	ध	ह	स	ऊ	ढ	न	उ	भ	न	◌ा	ड
न	र	श	ड	प	ठ	ह	भ	ड	थ	च	स	ड	ध

मधुमक्खी
गधा
बकरी
बाड़
कुत्ता
शहद
घास
बछड़ा
बिल्ली
चिकन

गाय
कौआ
झुंड
कृषि
उर्वरक
घोड़ा
चावल
खेत
पानी
बीज

95 - Huis

फ	च	ह	ह	र	ए	ब	श	स	ढ	ब	ट	म	द
ब	ड	ि	द	ी	व	ा	र	ब	ौ	छ	ा	र	ी
न	ध	ठ	म	फ	द	ड	र	स	ो	ई	अ	भ	प
त	ह	ख	ा	न	ा	़	थ	व	द	भ	ट	ल	क
ग	स	ढ	ड	छ	ी	थ	न	द	र	व	ा	ज	ा
ै	ी	ल	त	छ	त	व	आ	घ	्	ब	र	ग	य
र	ढ	ण	फ	ध	इ	क	ल	र	प	त	ी	श	झ
े	़	थ	ढ	द	श	र	क	य	ण	ल	त	य	ा
ज	ी	घ	ठ	ग	घ	त	ण	्	प	ब	थ	न	ड
ग	त	ध	ब	ल	फ	व	न	स	ष	ग	ढ	क	़
फ	र	्	न	ी	च	र	ढ	न	इ	ी	ध	क	ू
ग	छ	ध	उ	च	ए	ष	म	ग	ढ	च	फ	्	व
ण	घ	प	च	ा	ष	ञ	छ	न	त	ा	थ	ष	ह
प	ु	स	्	त	क	ा	ल	य	त	आ	इ	फ	ञ

झाड़
पुस्तकालय
छत
दरवाजा
बौछार
गैरेज
बाड़
कक्ष
तहखाना
रसोई
दीपक
फर्नीचर
दीवार
चिमनी
शयनकक्ष
दर्पण
गलीचा
सीढ़ी
बगीचा
अटारी

96 - Verjaardag

द	प	त	◌्	त	◌े	व	ब	उ	श	द	ल	प	र
ज	ख	◌ु	श	उ	द	◌ि	न	त	प	छ	ए	उ	म
ड	न	प	र	श	ण	श	फ	◌्	क	ह	फ	उ	◌ो
फ	व	◌्	य	◌ा	द	◌े	◌ं	स	◌ै	य	◌ा	व	म
स	ब	स	म	य	न	ष	ण	व	ल	◌ु	प	र	ब
ड	ख	थ	ड	ड	आ	◌े	ध	ष	◌े	व	ढ	◌्	त
न	◌ि	म	◌ं	त	◌्	र	ण	ष	◌ं	◌ा	प	ष	◌्
छ	ए	ज	उ	ब	उ	न	ष	र	ड	ध	ए	ऊ	त
फ	इ	◌़	भ	◌ु	स	ञ	ञ	भ	र	ढ	ष	ध	◌ि
ग	उ	◌ा	ञ	द	◌ो	स	◌्	त	◌ो	◌ं	य	उ	य
ख	ग	फ	घ	◌्	भ	ञ	द	ग	◌ी	त	ढ	ऊ	◌ा
श	ढ	घ	ग	ध	श	श	ब	क	य	घ	य	ह	◌ँ
ण	व	ब	र	◌ि	आ	ट	ध	◌े	ठ	ढ	प	उ	ऊ
श	ञ	ण	उ	आ	म	ड	ञ	क	व	व	ठ	ट	श

केक
दिन
जन्म
खुश
उपहार
यादें
वर्ष
युवा
मोमबत्तियाँ
पत्ते
कैलेंडर
गीत
पुराने
मज़ा
विशेष
समय
निमंत्रण
उत्सव
दोस्तों
बुद्धि

97 - Getallen

छ	उ	न	◌्	न	◌ी	स	स	ढ	र	ण	उ	च	ध
थ	प	◌ौ	ढ	घ	भ	ष	त	ष	ह	ख	श	र	द
इ	स	ऊ	आ	व	म	उ	◌्	आ	फ	श	छ	ख	ड
इ	ण	ट	श	ग	आ	प	र	च	ष	प	भ	ब	ब
स	च	ष	ख	य	प	ठ	ह	ग	न	म	घ	ड	◌ी
प	◌ा	◌ं	च	प	ब	ग	ए	व	द	ञ	ढ	द	स
ह	◌ं	ऊ	ल	अ	स	इ	क	त	◌ी	न	ध	ऊ	◌ा
छ	न	द	ख	ठ	◌ो	च	◌ा	र	त	ञ	ए	ण	त
श	श	ठ	◌्	◌ा	ल	ख	ऊ	घ	◌े	द	म	ल	न
श	◌ू	ब	◌ा	र	ह	न	र	म	र	च	ह	य	भ
ट	ए	न	छ	ह	ह	ठ	म	ध	ह	◌ौ	घ	द	◌ो
च	ह	ब	◌्	ह	स	ब	ऊ	ड	फ	द	न	प	व
भ	द	ग	त	य	च	ञ	इ	छ	म	ह	न	ष	ग
य	फ	द	स	ह	आ	थ	द	ध	ढ	इ	ब	ढ	ए

आठ
अठारह
तेरह
तीन
एक
नौ
उन्नीस
शून्य
दस
बारह
दो
बीस
चौदह
चार
पांच
पंद्रह
छह
सोलह
सात
सत्रह

98 - Boerderij #2

ग	छ	ल	ठ	इ	म	र	उ	ब	भ	ण	ख	ज	◌ौ
ल	घ	ऊ	ट	ह	श	न	स	ब	त	प	ल	व	ट
घ	◌ा	ट	◌्	र	◌ै	क	◌्	ट	र	ख	◌ि	ढ	ग
त	ञ	म	क	ई	थ	ब	ण	ख	ढ	भ	ह	च	◌े
क	◌ि	स	◌ा	न	प	श	इ	आ	भ	स	◌ा	र	ह
स	छ	च	र	व	◌ा	ह	◌ा	म	◌े	म	न	◌ा	◌ू
न	ख	च	ष	र	न	छ	आ	ह	ड	ट	ष	द	◌ँ
स	ब	◌्	ज	◌ी	ट	ड	श	र	◌़	भ	र	ठ	भ
भ	य	म	ल	फ	ल	◌ो	द	◌्	य	◌ा	न	स	ञ
फ	आ	ञ	ठ	उ	ल	फ	द	भ	ऊ	ठ	भ	◌ि	ठ
आ	ठ	ठ	ष	ख	ठ	ज	◌ा	न	व	र	◌ो	◌ं	न
घ	◌ा	स	क	◌ा	म	◌ै	द	◌ा	न	र	ज	च	ठ
ट	ऊ	न	ञ	द	प	क	◌ा	ह	◌ु	आ	न	◌ा	भ
द	◌ू	ध	ब	म	ठ	आ	भ	ल	व	ण	फ	ई	ढ

किसान
फलोद्यान
जानवरों
बतख
फल
जौ
सब्जी
चरवाहा
सिंचाई
मेमना
लामा
मकई
दूध
पका हुआ
भेड़
खलिहान
गेहूँ
ट्रैक्टर
भोजन
घास का मैदान

99 - Voeding

ड	ढ	उ	त	त	छ	ह	ट	म	स	ा	ल	े	य
च	श	द	ञ	र	र	छ	छ	द	घ	्	व	आ	व
स	ं	त	ु	ल	ि	त	ढ	क	ड	़	व	ा	न
म	ख	ट	ए	प	व	ध	इ	ि	ढ	व	ज	ा	ल
आ	इ	श	ख	द	ठ	ञ	थ	ण	ठ	व	न	फ	द
ण	ह	फ	ञ	ा	ण	ध	स	्	व	स	्	थ	व
ट	भ	ा	ल	र	म	व	ण	व	ि	ठ	आ	ग	ि
भ	ल	थ	र	्	प	म	उ	न	ष	ब	ब	ु	ट
ू	न	उ	आ	थ	क	ै	ल	ो	र	ी	म	ण	ा
ख	प	्	र	ो	ट	ी	न	श	म	घ	च	व	म
ऊ	ा	प	ु	ष	्	ट	ि	क	र	फ	ट	त	ि
ह	च	द	ऊ	ल	ह	द	ठ	ढ	ट	इ	न	्	न
न	न	स	्	व	ा	स	्	थ	्	य	ी	त	ढ
च	थ	छ	ह	य	म	श	व	ड	ह	द	उ	ा	र

कड़वा
कैलोरी
आहार
खाद्य
भूख
प्रोटीन
संतुलित
किण्वन
वजन
स्वस्थ
स्वास्थ्य
गुणवत्ता
चटनी
स्वाद
मसाले
पाचन
विष
विटामिन
तरल पदार्थ
पुष्टिकर

1 - Metingen

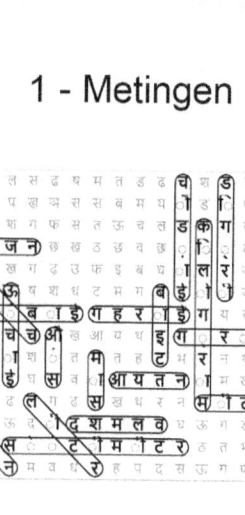

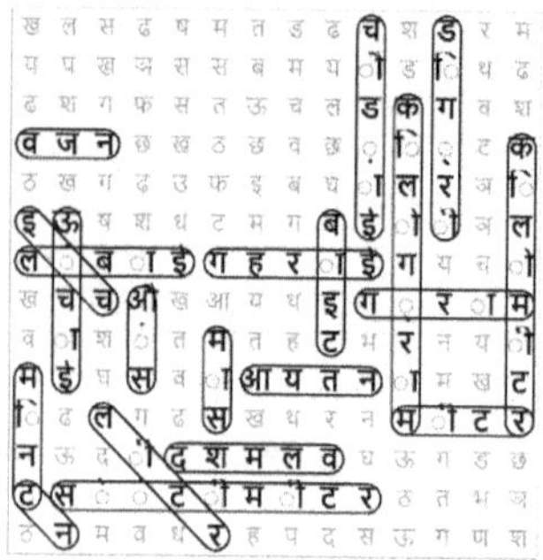

2 - Keuken

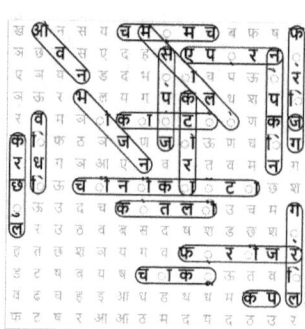

3 - Boten

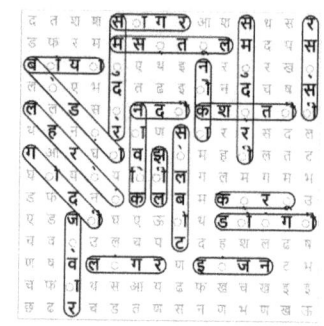

4 - Chocolade

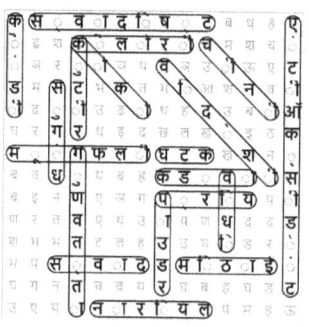

5 - Tijd

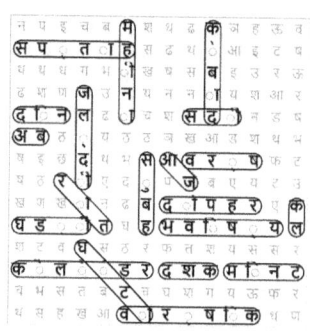

6 - Meditatie

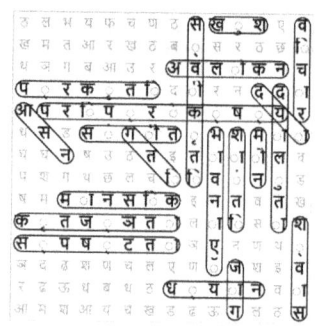

7 - Zomer

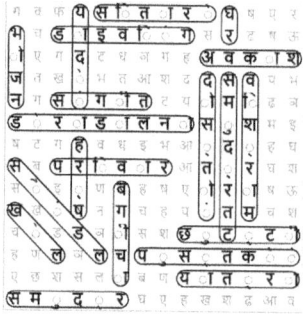

8 - Vogels

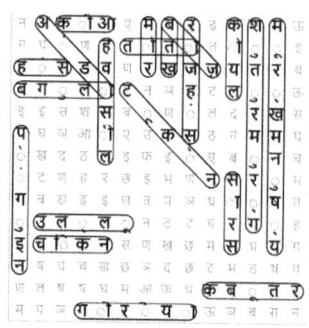

9 - Behoud

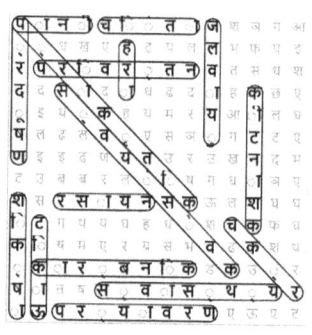

10 - Wiskunde

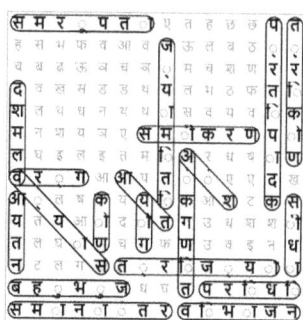

11 - Camping

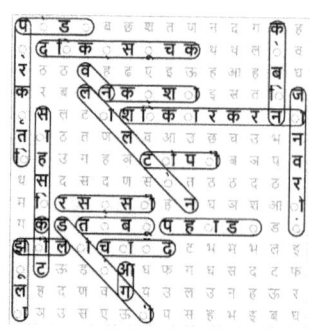

12 - Activiteiten

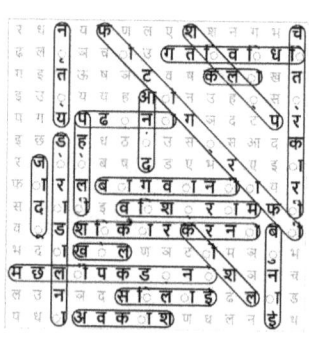

13 - Vormen

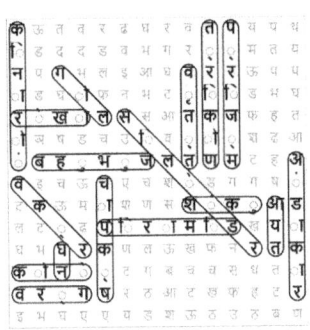

14 - Astronomie

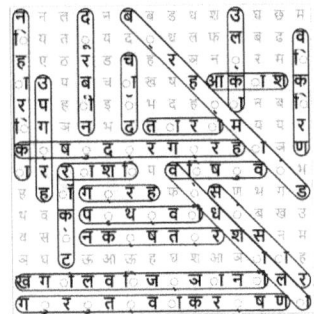

15 - Emoties

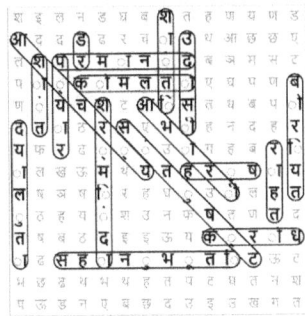

16 - Vakantie #2

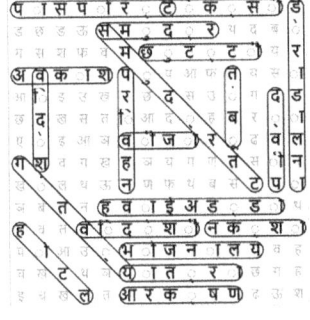

17 - Weersomstandigh

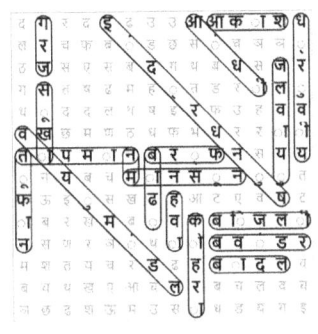

18 - Strand

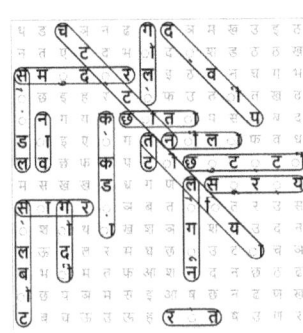

19 - Eten #2

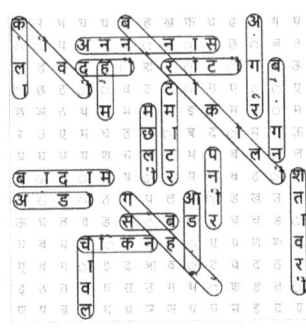

20 - Klimmen

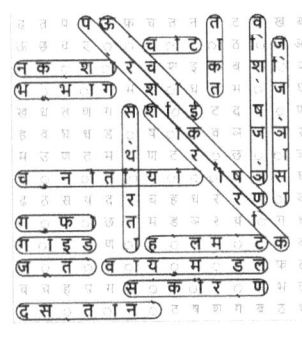

21 - Restaurant #1

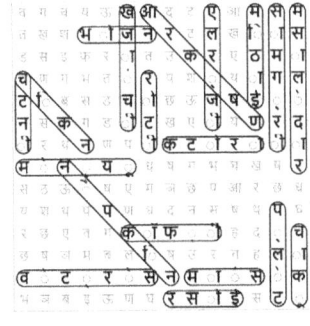

22 - Geologie

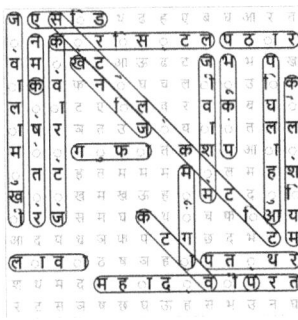

23 - Specerijen

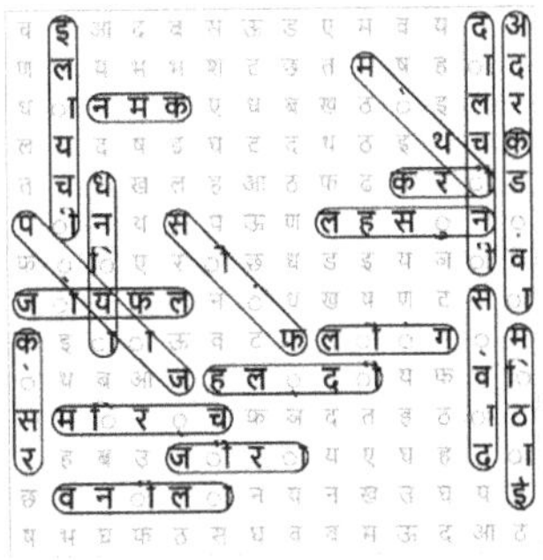

24 - Groenten

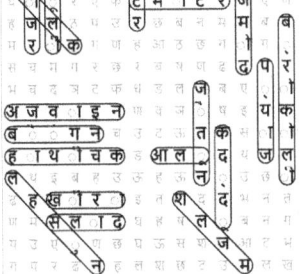

25 - Dans

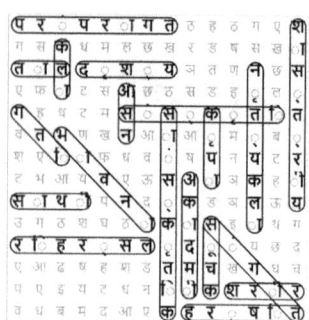

26 - Sport

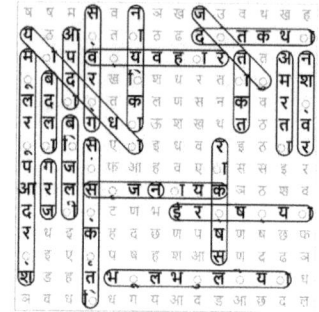

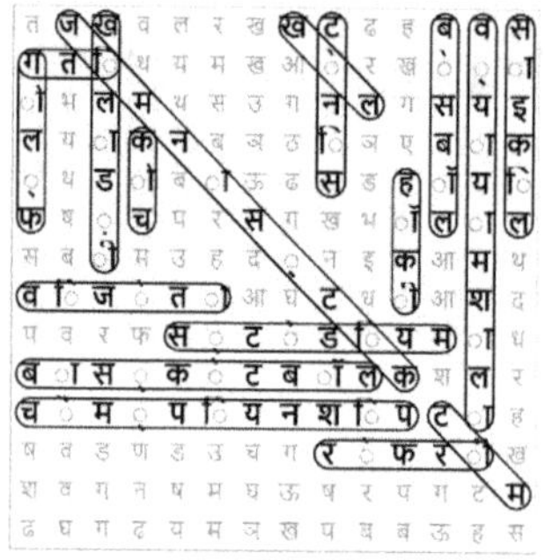

27 - Mythologie

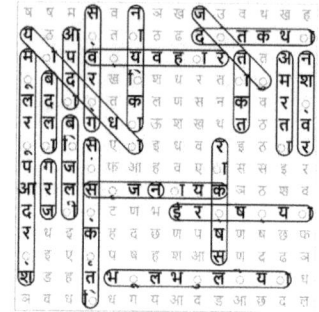

28 - Eten #1

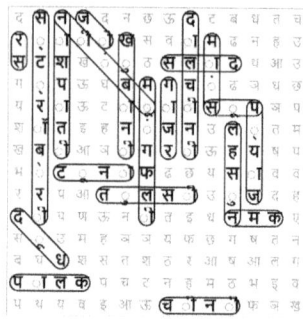

29 - Avontuur

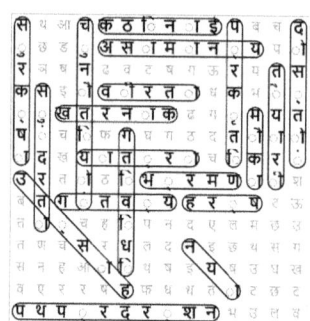

30 - Circus

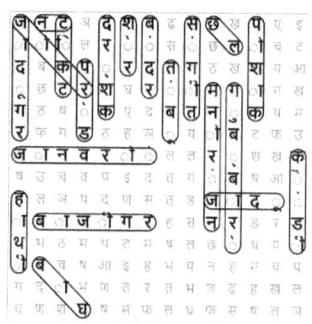

31 - Restaurant #2

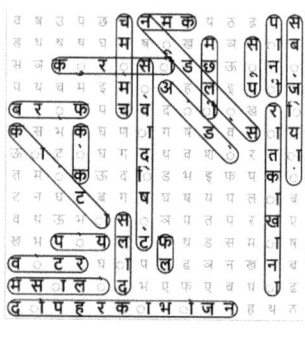

32 - Bijen

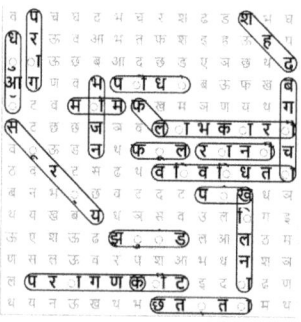

33 - School #1

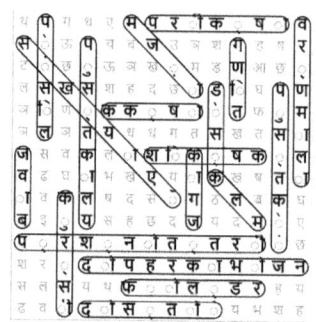

34 - Wandelen

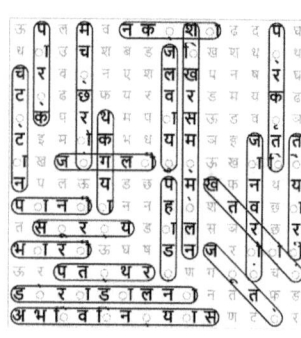

35 - Ecologie

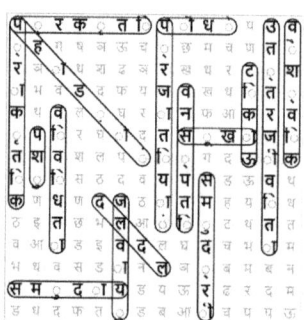

36 - Installaties

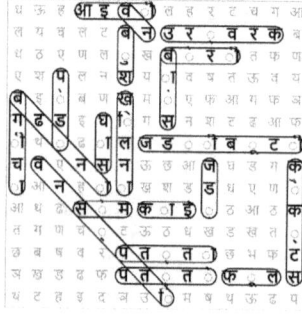

37 - School #2

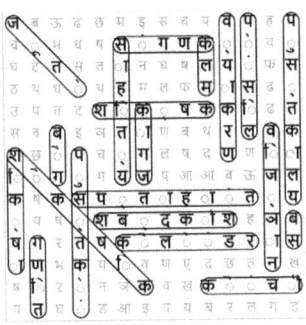

38 - Oceaan

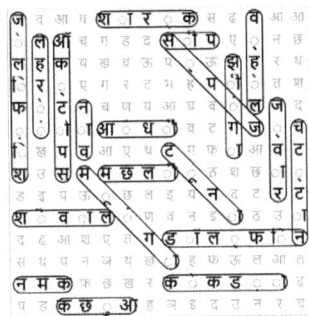

39 - Landen #2

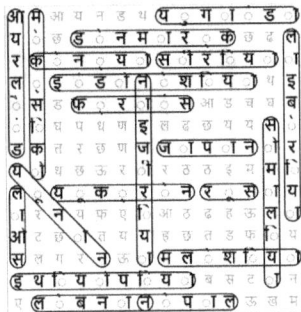

40 - Bloemen

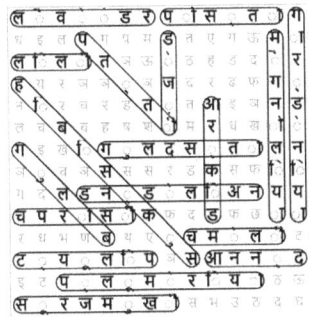

41 - Huisdieren

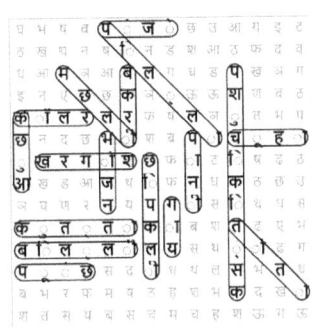

42 - Landschappen

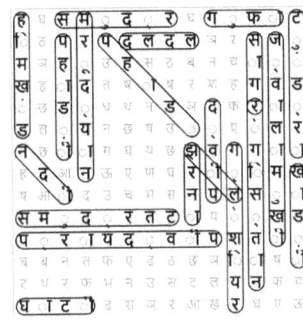

43 - Tuin

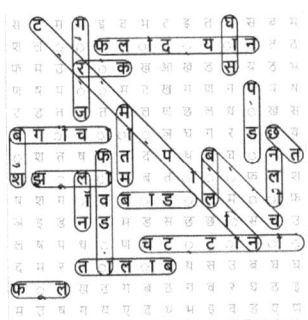

44 - Katten

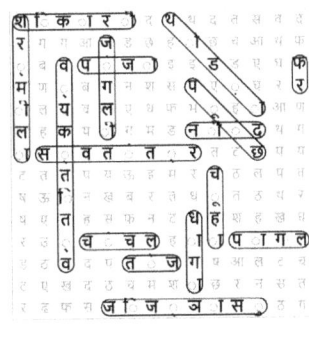

45 - Beroepen #2

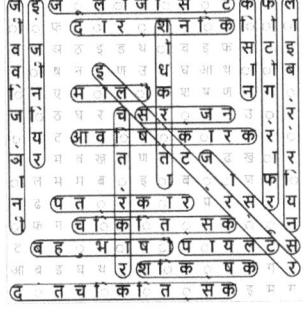

46 - Komedie

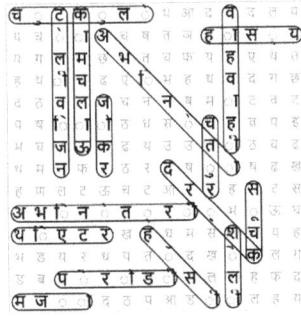

47 - Dagen en Maanden

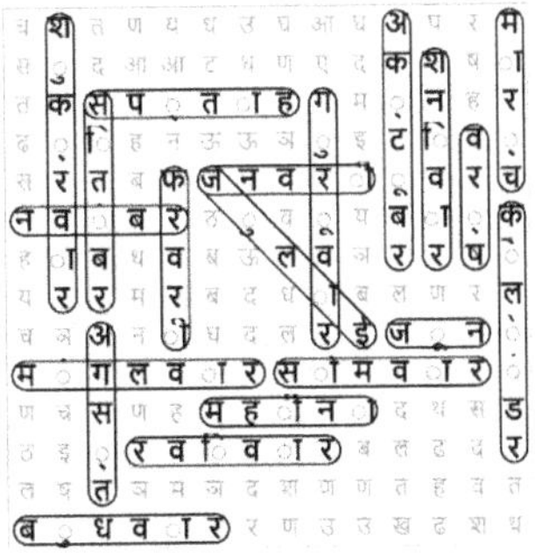

48 - Beeldende Kunsten

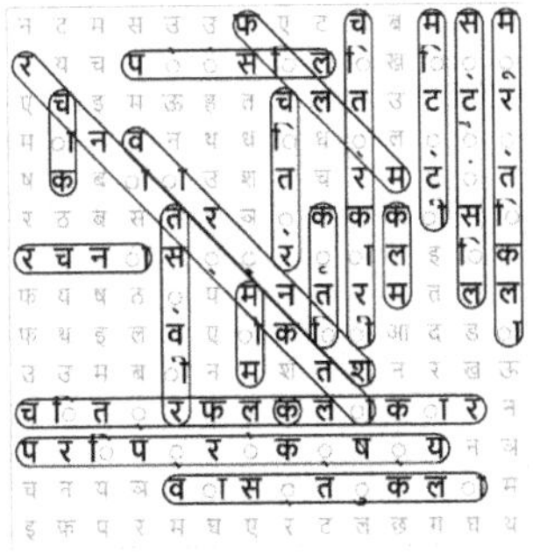

49 - Menselijk Lichaam

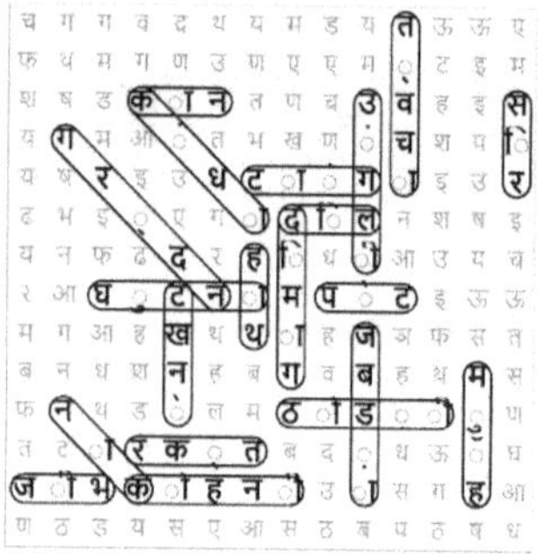

50 - Familie

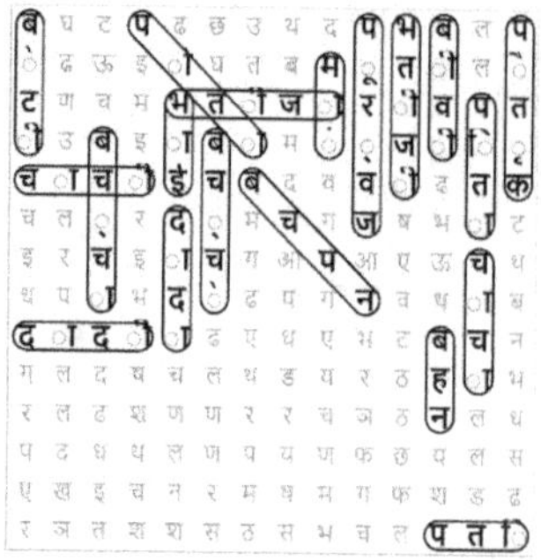

51 - Gebouwen

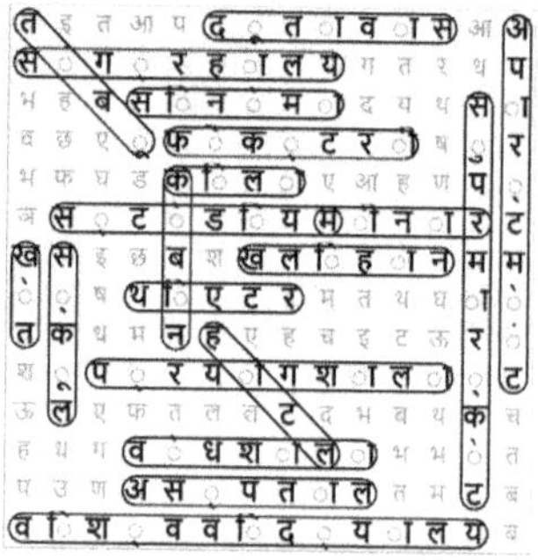

52 - Kunst

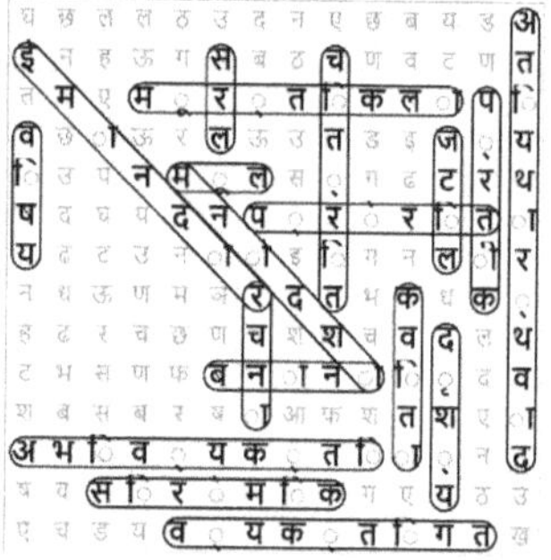

53 - Beroepen #1

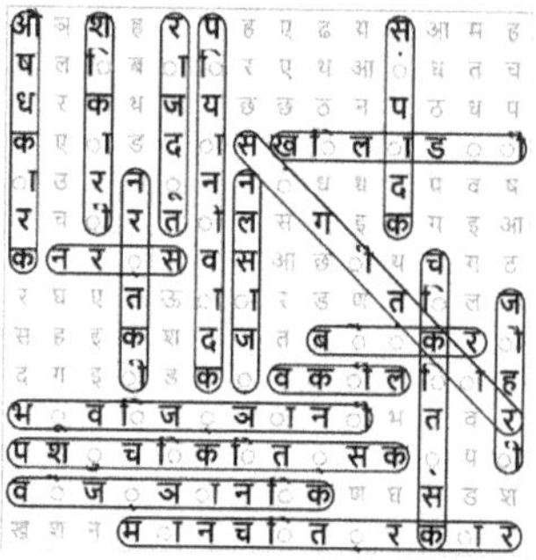

54 - Kastelen

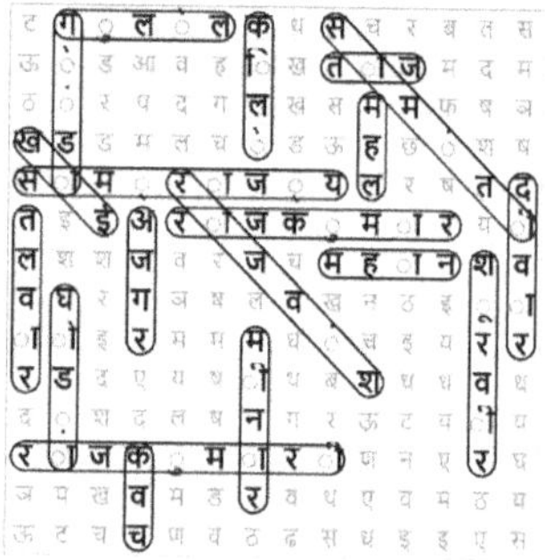

55 - Insecten

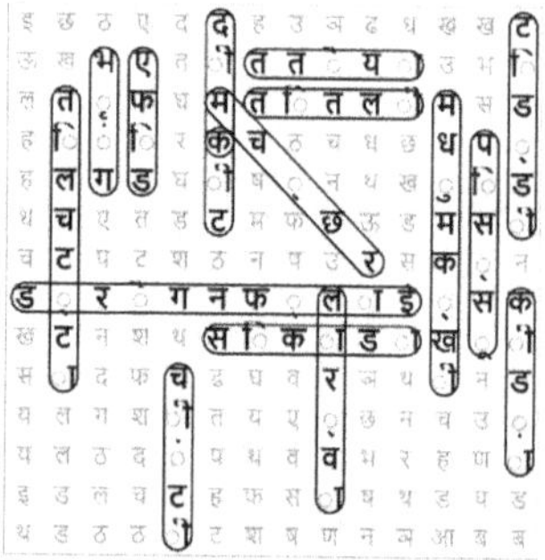

56 - Antarctica

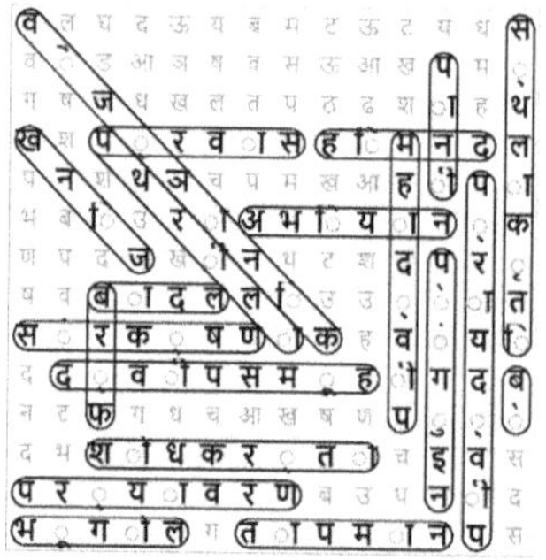

57 - Ballet

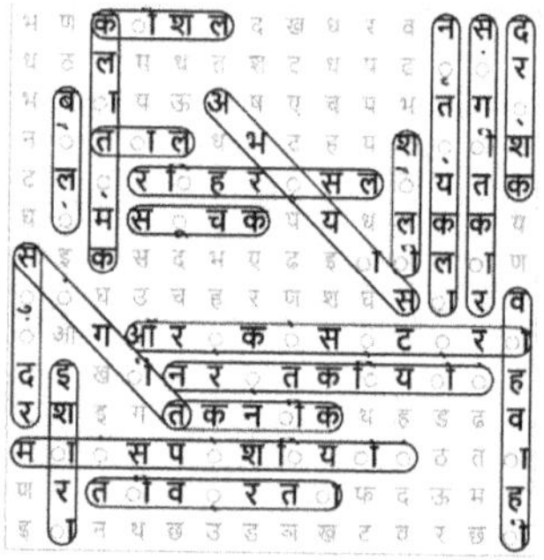

58 - Vissen

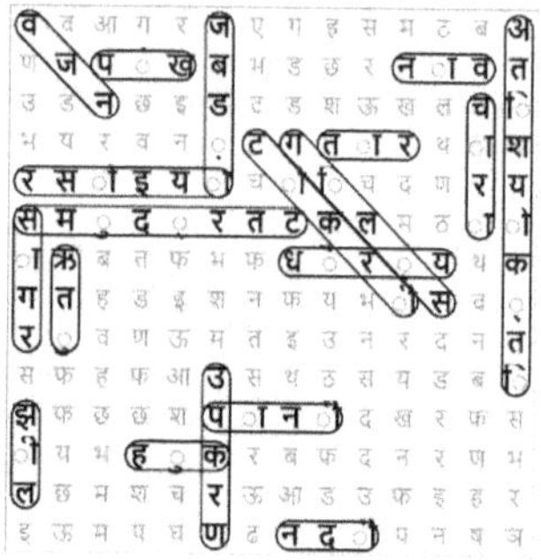

59 - Fruit

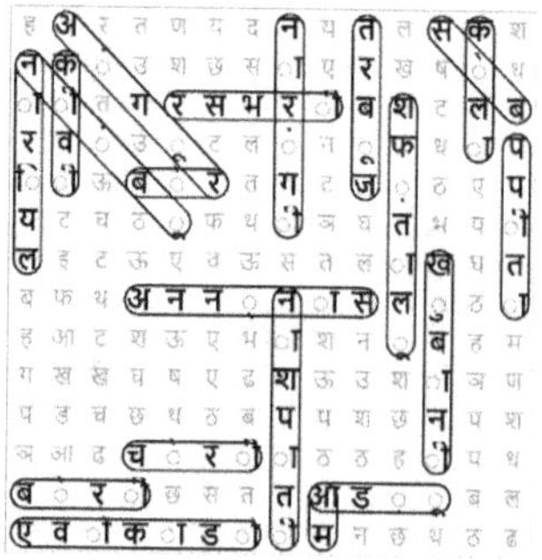

60 - Literatuur

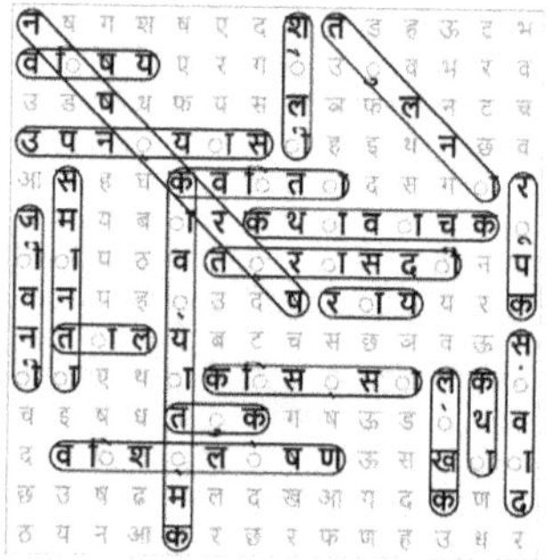

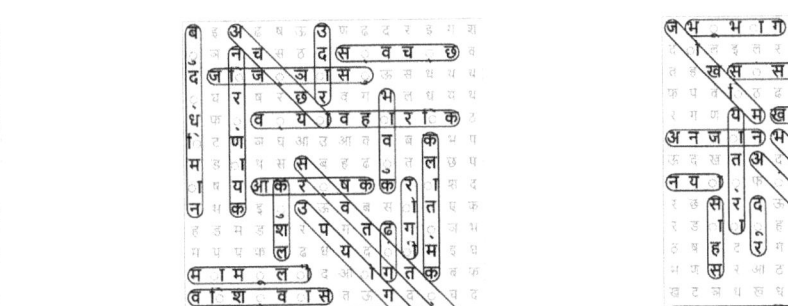

61 - Technologie

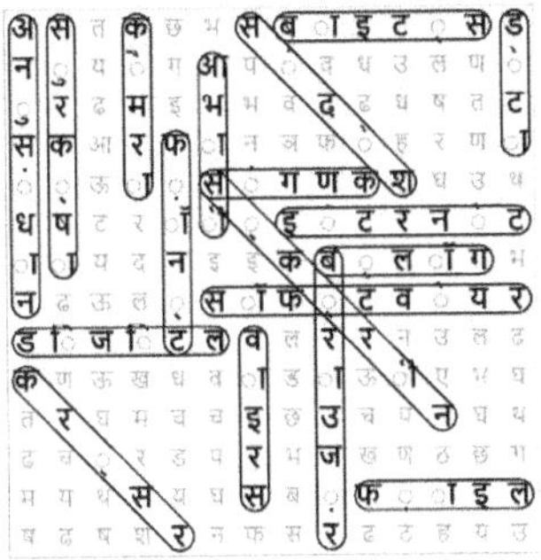

62 - Boeken

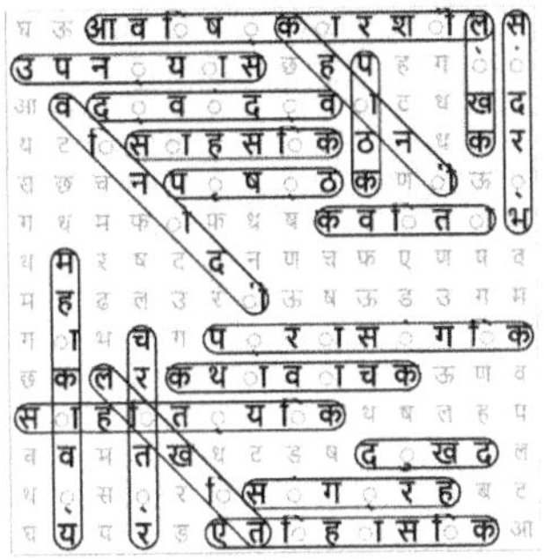

63 - Meer Informatie

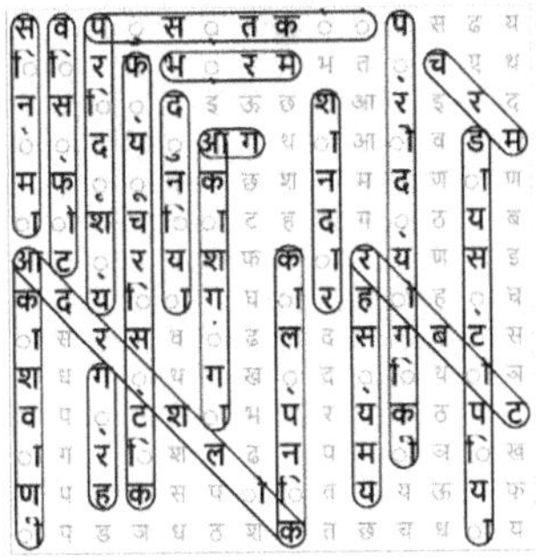

64 - Regenwoud

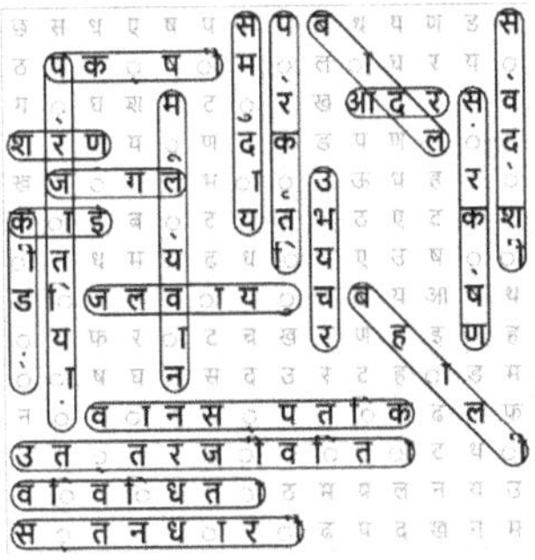

65 - Haartypes

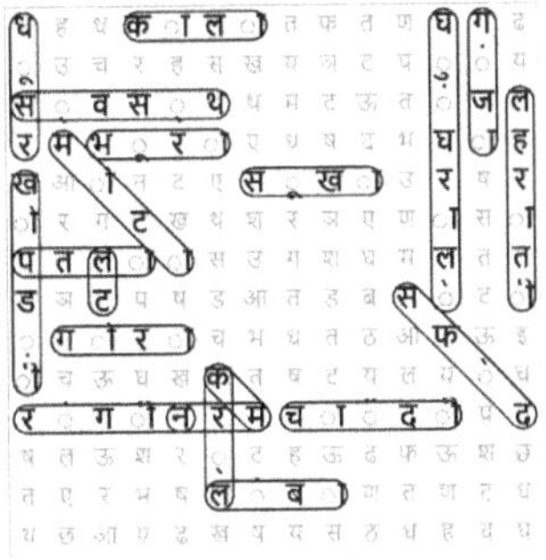

66 - Gereedschap Voor het Kok

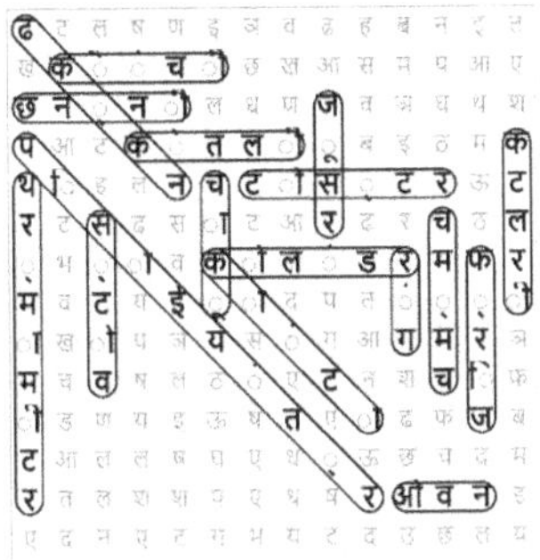

67 - Stad

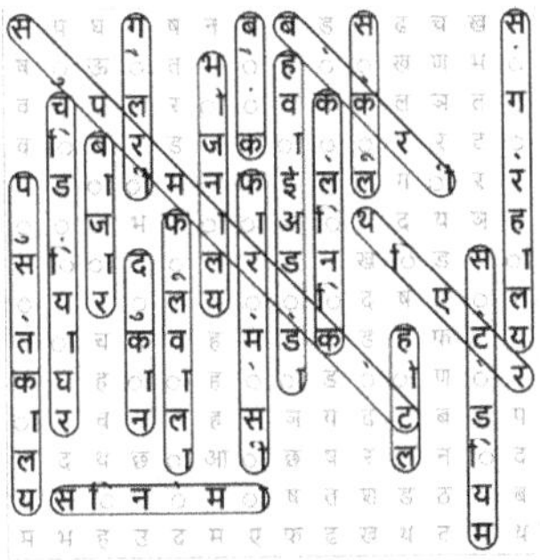

68 - Natuur

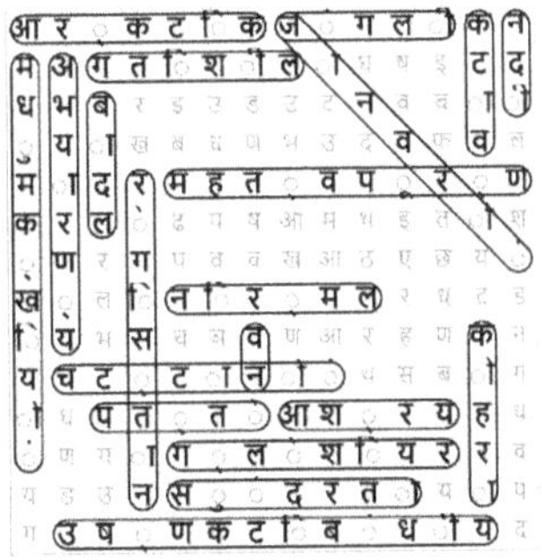

69 - Dinosaurussen

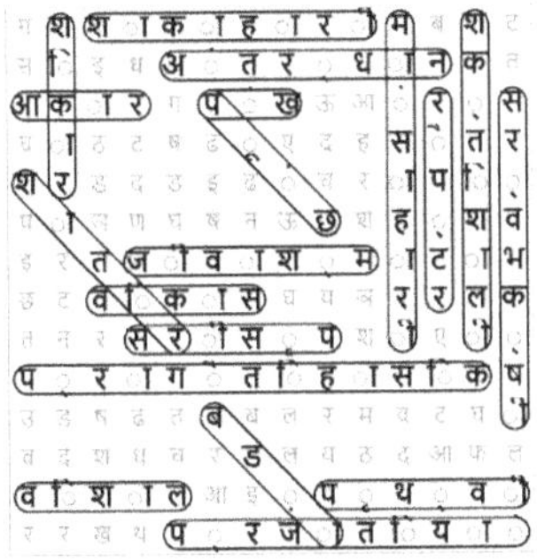

70 - Zoogdieren

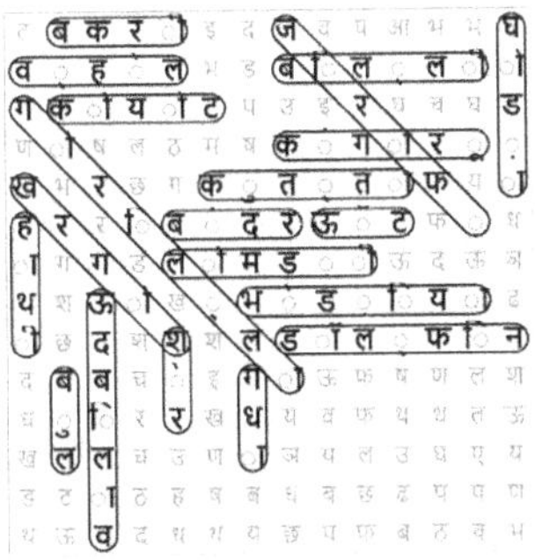

71 - 1 Jaar Geleden

72 - Exploratie

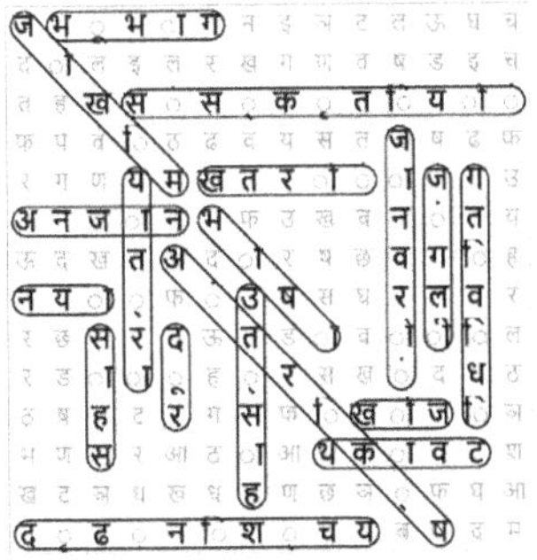

73 - Voertuigen

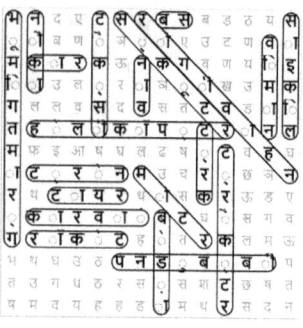

74 - Geografie

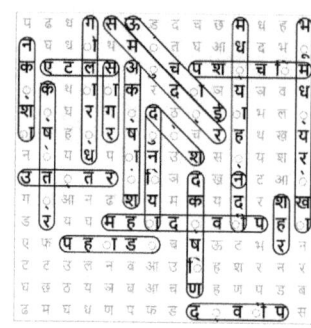

75 - Kunstbenodigdhe

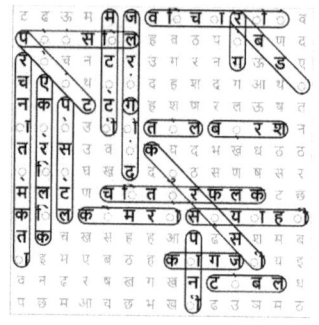

76 - Barbecues

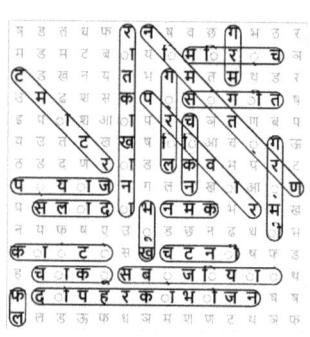

77 - Wetenschappelijk

78 - Bijvoeglijke Naamwoorden

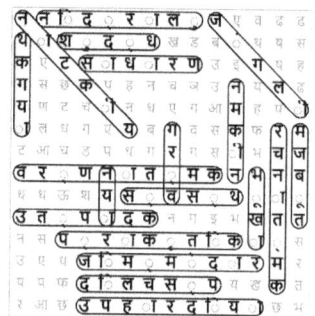

79 - Kleding

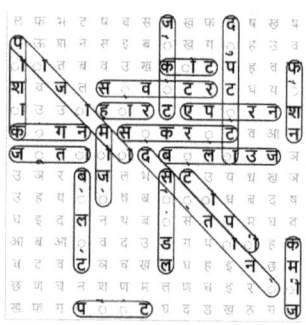

80 - Vliegtuigen

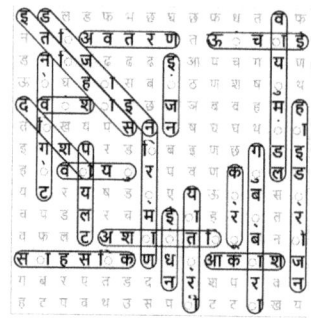

81 - Herbalisme

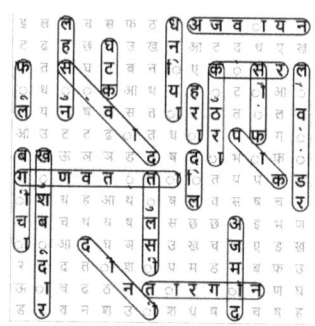

82 - Piraten

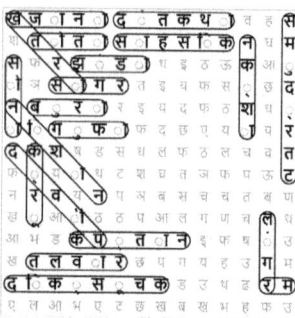

83 - Om in te Vullen

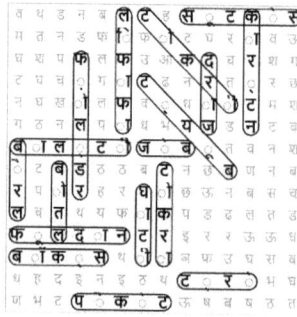

84 - Surfen

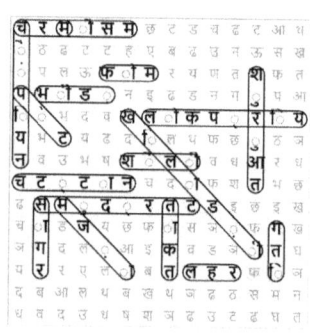

85 - Rijden

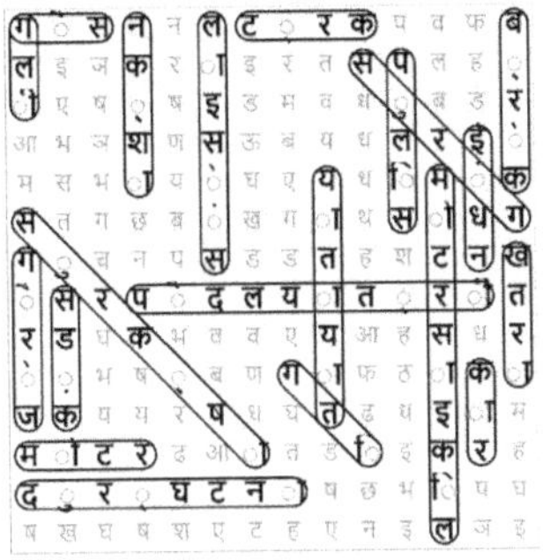

86 - Wetenschap

87 - Badkamer

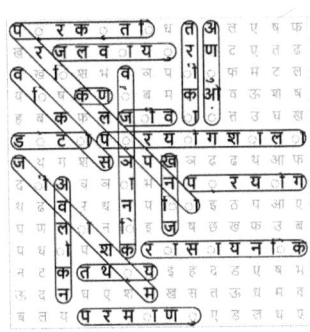

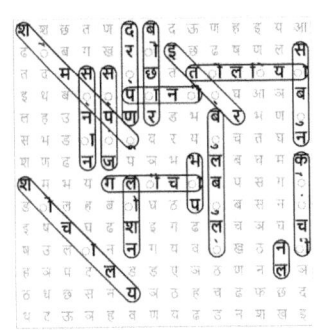

88 - Hulpmiddelen

89 - Speelgoed

90 - Muziekinstrument

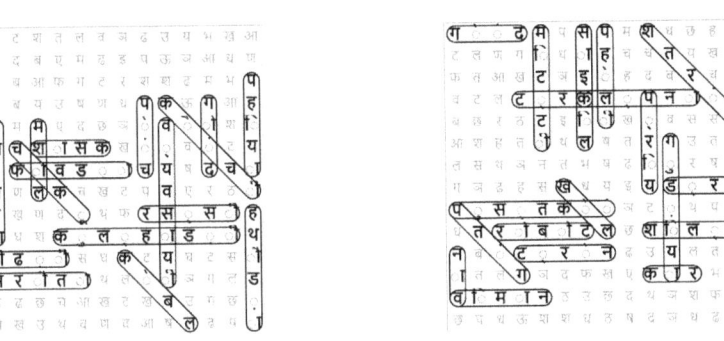

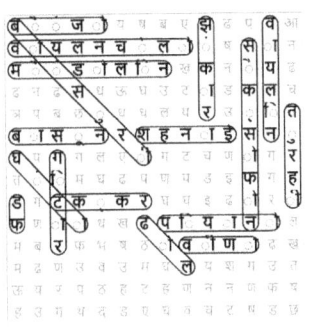

91 - Activiteiten en Vrije Ti

92 - Water

93 - Schaken

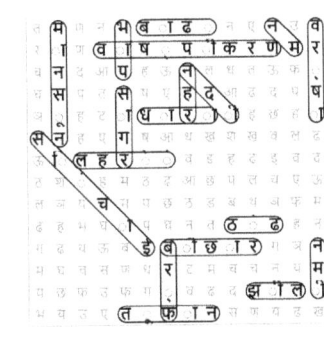

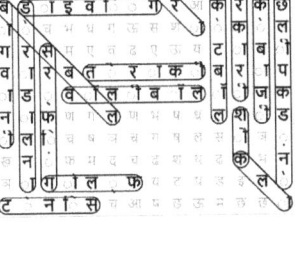

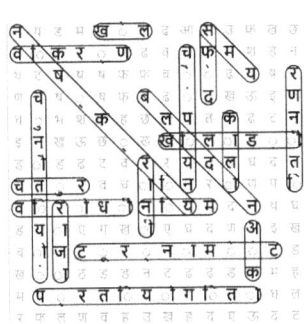

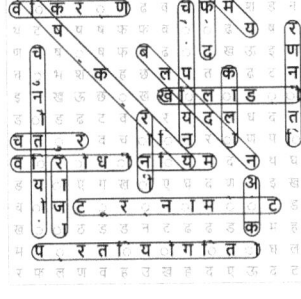

94 - Boerderij #1

95 - Huis

96 - Verjaardag

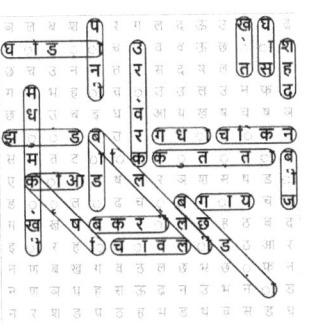

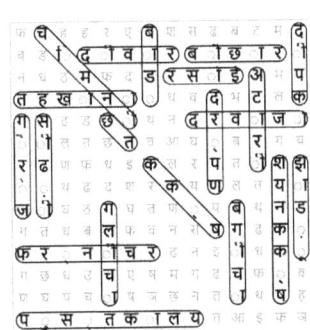

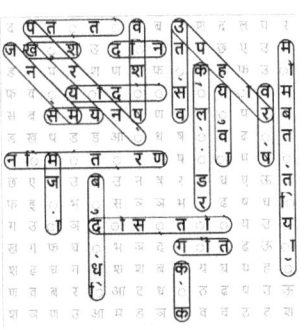

97 - Getallen

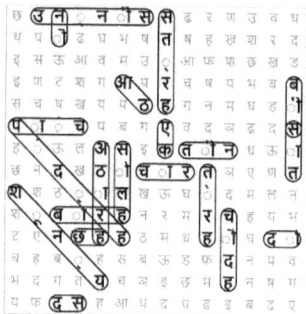

98 - Boerderij #2

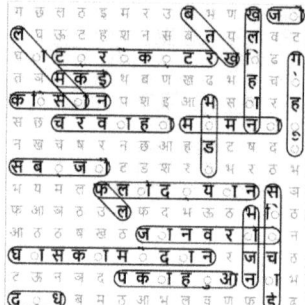

99 - Voeding

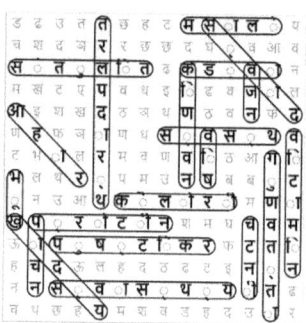

Woordenboek

1 Jaar Geleden
गुण #1

Artistiek	कलात्मक
Behulpzaam	उपयोगी
Bescheiden	मामूली
Beslissend	निर्णायक
Betrouwbaar	विश्वसनीय
Charmant	आकर्षक
Efficiënt	कुशल
Gepassioneerd	भावुक
Goed	अच्छा
Gul	उदार
Intelligent	बुद्धिमान
Nieuwsgierig	जिज्ञासु
Onafhankelijk	स्वतंत्र
Patiënt	रोगी
Praktisch	व्यावहारिकि
Schoon	स्वच्छ
Wijs	ढंग
Zelfverzekerd	विश्वास

Activiteiten
गतिविधियाँ

Activiteit	गतिविधि
Ambachten	शिल्प
Breien	बुनाई
Dansen	नृत्य
Fotografie	फोटोग्राफी
Games	खेल
Hengelsport	मछली पकड़ने
Jacht	शिकार करना
Kamperen	डेरा डालना
Kunst	कला
Lezen	पढ़ना
Magie	जादू
Naaien	सिलाई
Ontspanning	विश्राम
Plezier	आनंद
Puzzels	पहेली
Schilderij	चित्रकारी
Tuinieren	बागवानी
Vaardigheid	कौशल
Vrije Tijd	अवकाश

Activiteiten en Vrije Ti
गतिविधियाँ और अवकाश

Basketbal	बास्केटबॉल
Boksen	मुक्केबाजी
Duiken	डाइविंग
Golf	गोल्फ
Hengelsport	मछली पकड़ने
Hobby	शौक
Honkbal	बेसबॉल
Kamperen	डेरा डालना
Kunst	कला
Ontspannen	आराम
Reis	यात्रा
Schilderij	चित्रकारी
Surfen	सर्फिंग
Tennis	टेनिस
Tuinieren	बागवानी
Volleybal	वॉलीबॉल
Zwemmen	तैराकी

Antarctica
अंटार्कटिका

Baai	बे
Behoud	संरक्षण
Continent	महाद्वीप
Eilanden	द्वीप समूह
Expeditie	अभियान
Geografie	भूगोल
Gletsjers	हिमनद
Ijs	बर्फ
Migratie	प्रवास
Mineralen	खनिज
Omgeving	पर्यावरण
Onderzoeker	शोधकर्ता
Pinguïn	पेंगुइन
Rotsachtig	पथरीला
Schiereiland	प्रायद्वीप
Temperatuur	तापमान
Topografie	स्थलाकृति
Water	पानी
Wetenschappelijk	वैज्ञानिकि
Wolken	बादल

Astronomie
खगोल विद्या

Aarde	पृथ्वी
Asteroïde	क्षुद्रग्रह
Astronoom	खगोल विज्ञानी
Dierenriem	राशि
Equinox	विषुव
Hemel	आकाश
Kosmos	ब्रह्मांड
Maan	चाँद
Meteoor	उल्का
Nevel	निहारिका
Observatorium	वेधशाला
Planeet	ग्रह
Raket	रॉकेट
Satelliet	उपग्रह
Ster	तारा
Sterrenbeeld	नक्षत्र
Straling	विकिरण
Telescoop	दूरबीन
Universum	संसार
Zwaartekracht	गुरुत्वाकर्षण

Avontuur
साहसिक कार्य

Activiteit	गतिविधि
Bestemming	गंतव्य
Enthousiasme	उत्साह
Excursie	भ्रमण
Gevaarlijk	खतरनाक
Kans	मौका
Moed	वीरता
Moeilijkheid	कठिनाई
Natuur	प्रकृति
Navigatie	पथ प्रदर्शन
Nieuw	नया
Ongewoon	असामान्य
Reizen	यात्रा
Schoonheid	सुंदरता
Uitdagingen	चुनौतियों
Veiligheid	सुरक्षा
Voorbereiding	तैयारी
Vreugde	हर्ष
Vrienden	दोस्तों

Badkamer
सुनानघर

Bad	सुनान
Bellen	बुलबुले
Douche	बौछार
Handdoek	तौलिया
Kraan	नल
Lotion	लोशन
Parfum	इत्र
Schaar	कैंची
Shampoo	शैम्पू
Spiegel	दर्पण
Spons	स्पंज
Stoom	भाप
Tapijt	गलीचा
Water	पानी
Wc	शौचालय
Zeep	साबुन

Ballet
बैले

Applaus	वाहवाही
Artistiek	कलात्मक
Ballerina	बैले
Choreografie	नृत्यकला
Componist	संगीतकार
Dansers	नर्तकयिों
Expressief	सूचक
Gebaar	इशारा
Intensiteit	तीव्रता
Muziek	संगीत
Orkest	ऑर्केस्ट्रा
Praktijk	अभ्यास
Publiek	दर्शक
Repetitie	रहिर्सल
Ritme	ताल
Sierlijk	सुंदर
Spieren	मांसपेशयिों
Stijl	शैली
Techniek	तकनीक
Vaardigheid	कौशल

Barbecues
बारबेक्यू

Diner	रात का खाना
Familie	परविार
Fruit	फल
Grill	ग्रलि
Groente	सब्जयिां
Heet	गरम
Honger	भूख
Kip	चकिन
Lunch	दोपहर का भोजन
Messen	चाकू
Muziek	संगीत
Peper	मर्चि
Salades	सलाद
Saus	चटनी
Tomaten	टमाटर
Uien	प्याज
Uitnodiging	नमिंत्रण
Vorken	कांटे
Zomer	गर्मी
Zout	नमक

Beeldende Kunsten
दृश्य कला

Architectuur	वास्तुकला
Artiest	कलाकार
Beeldhouwwerk	मूर्तकिला
Creativiteit	रचनात्मकता
Ezel	चत्रिफलक
Film	फल्मि
Foto	तस्वीर
Klei	मट्टिी
Krijt	चाक
Meesterwerk	कृत
Pen	कलम
Perspectief	परप्रि‍ेक्ष्य
Portret	चत्रि
Potlood	पेंसलि
Samenstelling	रचना
Schilderij	चत्रिकारी
Stencil	स्टैंसलि
Vernis	वार्नशि
Was	मोम

Behoud
संरक्षण

Chemicaliën	रसायन
Duurzaam	टकिाऊ
Fiets	चक्र
Gezondheid	स्वास्थ्य
Groen	हरा
Klimaat	जलवायु
Milieu	पर्यावरण
Natuurlijk	प्राकृतकि
Onderwijs	शक्षिा
Organisch	कार्बनकि
Pesticide	कीटनाशक
Veranderingen	परविर्तन
Vervuiling	प्रदूषण
Vrijwilliger	स्वयंसेवक
Water	पानी
Zorg	चति

Beroepen #1
व्यवसाय #1

Advocaat	वकील
Ambassadeur	राजदूत
Apotheker	औषधकारक
Astronoom	खगोल वज्ञिानी
Atleet	खलिाड़ी
Bankier	बैंकर
Cartograaf	मानचत्रिकार
Danser	नर्तकी
Dierenarts	पशु चकित्सिक
Dokter	चकित्सिक
Editor	संपादक
Geoloog	भूवज्ञिानी
Jager	शकिारी
Juwelier	जौहरी
Loodgieter	नलसाज़
Muzikant	संगीतकार
Pianist	पयिानोवादक
Psycholoog	मनोवैज्ञानकि
Verpleegster	नर्स
Wetenschapper	वैज्ञानकि

Beroepen #2
व्यवसाय #2

Arts	चकित्सिक
Bibliothecaris	लाइब्रेरयिन
Bioloog	जीववज्ञिानी
Boer	कसिान
Chirurg	सर्जन
Detective	जासूस
Filosoof	दार्शनकि
Fotograaf	फोटोग्राफर
Illustrator	इलस्ट्रेटर
Ingenieur	इंजीनयिर
Journalist	पत्रकार
Leraar	शक्षिक
Linguïst	बहुभाषी
Onderzoeker	शोधकर्ता
Piloot	पायलट
Schilder	चत्रिकार
Tandarts	दंत चकित्सिक
Tuinman	माली
Uitvinder	आवष्किारक
Zoöloog	जूलॉजस्टि

Bijen
मधुमक्खयिों

Bestuiver	परागणक
Bijenkorf	छत्ता
Bloemen	फूल
Bloesem	खलिना
Diversiteit	ववधिता
Fruit	फल
Honing	शहद
Insect	कीट
Koningin	रानी
Planten	पौधे
Rook	धुआँ
Stuifmeel	पराग
Tuin	बगीचा
Vleugels	पंख
Voedsel	भोजन
Voordelig	लाभकारी
Was	मोम
Zon	सूर्य
Zwerm	झुंड

Bijvoeglijke Naamwoorden
वशिषण #1

Aantrekkelijk	आकर्षक
Actief	सक्रयि
Ambitieus	महत्वाकांक्षी
Aromatisch	खुशबूदार
Artistiek	कलात्मक
Belangrijk	महत्वपूर्ण
Diep	गहरा
Donker	अंधेरा
Dun	पतला
Eerlijk	ईमानदार
Exotisch	वदिशी
Identiek	समान
Jong	युवा
Lang	लंबा
Langzaam	धीमा
Modern	आधुनकि
Onschuldig	मासूम
Perfect	उत्तम
Waardevol	मूल्यवान
Zwaar	भारी

Bijvoeglijke Naamwoorden
वशिषण #2

Authentiek	वश्विसनीय
Begaafd	उपहार दयिा
Beschrijvend	वर्णनात्मक
Creatief	रचनात्मक
Dramatisch	नाटकीय
Gezond	स्वस्थ
Hongerig	भूखा
Interessant	दलिचस्प
Moe	थक गया
Natuurlijk	प्राकृतकि
Nieuw	नया
Normaal	साधारण
Productief	उत्पादक
Slaperig	नद्रिालु
Sterk	मजबूत
Trots	गर्व
Verantwoordelijk	जम्मिदार
Wild	जंगली
Zout	नमकीन
Zuiver	शुद्ध

Bloemen
फूल

Bloemblad	पत्ती
Boeket	गुलदस्ता
Gardenia	गार्डेनयिा
Hibiscus	हबिस्क़िस
Jasmijn	चमेली
Klaver	आनन्द
Lavendel	लैवेंडर
Lelie	लली
Madeliefje	डेज़ी
Magnolia	मैगनोलयिा
Orchidee	आर्कडि
Paardebloem	डन्डेलअिन
Papaver	पोस्ता
Pioenroos	चपरासी
Plumeria	प्लूमेरयिा
Roos	गुलाब
Tulp	ट्यूलपि
Zonnebloem	सूरजमुखी

Boeken
पुस्तकें

Auteur	लेखक
Avontuur	साहसकि
Bladzijde	पृष्ठ
Collectie	संग्रह
Context	संदर्भ
Dualiteit	द्वंद्व
Episch	महाकाव्य
Gedicht	कवति
Geschreven	लखिति
Historisch	ऐतहिासकि
Humoristisch	वनिोदी
Inventief	आवष्किारशील
Karakter	चरत्रि
Lezer	पाठक
Literair	साहत्यिकि
Relevant	प्रासंगकि
Roman	उपन्यास
Tragisch	दुखद
Verhaal	कहानी
Verteller	कथावाचक

Boerderij #1
फार्म #1

Bij	मधुमक्खी
Ezel	गधा
Geit	बकरी
Hek	बाड़
Hond	कुत्ता
Honing	शहद
Hooi	घास
Kalf	बछड़ा
Kat	बिल्ली
Kip	चकिन
Koe	गाय
Kraai	कौआ
Kudde	झुंड
Landbouw	कृषि
Mest	उर्वरक
Paard	घोड़ा
Rijst	चावल
Veld	खेत
Water	पानी
Zaden	बीज

Boerderij #2
फार्म #2

Boer	कसिान
Boomgaard	फलोद्यान
Dieren	जानवरों
Eend	बतख
Fruit	फल
Gerst	जौ
Groente	सब्जी
Herder	चरवाहा
Irrigatie	सचिाई
Lam	मेमना
Lama	लामा
Maïs	मकई
Melk	दूध
Rijp	पका हुआ
Schaap	भेड़
Schuur	खलिहान
Tarwe	गेहूँ
Tractor	ट्रैक्टर
Voedsel	भोजन
Weide	घास का मैदान

Boten
नौकाएँ

Anker	लंगर
Bemanning	क्रू
Boei	बोया
Dok	गोदी
Golven	लहरें
Jacht	नौका
Kajak	कश्ती
Kano	डोंगी
Mast	मस्तूल
Matroos	नावकि
Meer	झील
Motor	इंजन
Nautisch	समुद्री
Oceaan	सागर
Rivier	नदी
Tij	ज्वार
Touw	रस्सी
Vlot	बेड़ा
Zee	समुद्र
Zeilboot	सेलबोट

Camping
कैम्पगि

Avontuur	साहसकि
Berg	पहाड़
Bomen	पेड़
Bos	वन
Brand	आग
Cabine	केबनि
Dieren	जानवरों
Hangmat	झूला
Hoed	टोपी
Insect	कीट
Jacht	शकिार करना
Kaart	नक्शा
Kano	डोंगी
Kompas	दक्सिूचक
Lantaarn	लालटेन
Maan	चाँद
Meer	झील
Natuur	प्रकृति
Tent	तंबू
Touw	रस्सी

Chocolade
चॉकलेट

Antioxidant	एंटीऑक्सीडेंट
Aroma	सुगंध
Artisanaal	कुटीर
Bitter	कड़वा
Cacao	कोको
Calorieën	कैलोरी
Exotisch	वदिशी
Favoriet	प्रयि
Heerlijk	स्वादष्टि
Ingrediënt	घटक
Kokosnoot	नारयिल
Kwaliteit	गुणवत्ता
Pinda'S	मूंगफली
Poeder	पाउडर
Recept	वधिि
Smaak	स्वाद
Snoep	कैंडी
Suiker	चीनी
Zoet	मठिाई

Circus
सर्कस

Aap	बंदर
Acrobaat	नट
Ballonnen	गुब्बारे
Clown	जोकर
Dieren	जानवरों
Goochelaar	जादूगर
Jongleur	बाजीगर
Kaartje	टकिट
Kostuum	पोशाक
Leeuw	शेर
Magie	जादू
Muziek	संगीत
Olifant	हाथी
Parade	परेड
Snoep	कैंडी
Tent	तंबू
Tijger	बाघ
Toeschouwer	दर्शक
Truc	छल
Vermaken	मनोरंजन

Dagen en Maanden
दनि और महीने

Augustus	अगस्त
Dinsdag	मंगलवार
Donderdag	गुरूवार
Februari	फरवरी
Jaar	वर्ष
Januari	जनवरी
Juli	जुलाई
Juni	जून
Kalender	कैलेंडर
Maand	महीना
Maandag	सोमवार
Maart	मार्च
November	नवंबर
Oktober	अक्टूबर
September	सतिंबर
Vrijdag	शुक्रवार
Week	सप्ताह
Woensdag	बुधवार
Zaterdag	शनविार
Zondag	रववािर

Dans
नृत्य

Academie	अकादमी
Beweging	गत‍ि
Blij	हर्षति
Choreografie	नृत्यकला
Cultureel	सांस्कृतकि
Cultuur	संस्कृत‍ि
Emotie	भावना
Expressief	सूचक
Genade	कृपा
Houding	आसन
Klassiek	शास्त्रीय
Kunst	कला
Lichaam	शरीर
Muziek	संगीत
Partner	साथी
Repetitie	रहिर्सल
Ritme	ताल
Traditioneel	परंपरागत
Visueel	दृश्य

Dinosaurussen
डायनासोर

Aarde	पृथ्वी
Carnivoor	मांसाहारी
Evolutie	वकिास
Fossielen	जीवाश्म
Groot	बड़ा
Grootte	आकार
Herbivoor	शाकाहारी
Krachtig	शक्तशिाली
Mammoet	वशिाल
Omnivoor	सर्वभक्षी
Prehistorisch	प्रागैतहिासकि
Prooi	शकिार
Reptiel	सरीसृप
Roofvogel	रैप्टर
Soort	प्रजातयिां
Staart	पूंछ
Verdwijning	अंतर्धान
Vicieuze	शातरि
Vleugels	पंख

Ecologie
परस्थितिकिी

Bergen	पहाड़ों
Diversiteit	ववििधिता
Droogte	सूखा
Duurzaam	टकिाऊ
Fauna	पशु
Gemeenschappen	समुदाय
Globaal	वैश्वकि
Klimaat	जलवायु
Marinier	समुद्री
Moeras	दलदल
Natuur	प्रकृत‍ि
Natuurlijk	प्राकृतकि
Overleving	उत्तरजीवतिा
Planten	पौधे
Soort	प्रजातयिां
Vegetatie	वनस्पत‍ि
Vrijwilligers	स्वयंसेवकों

Emoties
भावनाएँ

Angst	डर
Beschaamd	शर्मदिा
Dankbaar	आभारी
Droefheid	उदासी
Gelukzaligheid	परमानंद
Kalm	शांत
Liefde	प्यार
Opluchting	राहत
Sympathie	सहानुभूत‍ि
Tederheid	कोमलता
Tevreden	संतुष्ट
Verrassing	आश्चर्य
Verveling	बोरयित
Vrede	शांत‍ि
Vreugde	हर्ष
Vriendelijkheid	दयालुता
Woede	क्रोध

Eten #1
खाना #1

Aardbei	स्ट्रॉबेरी
Abrikoos	खुबानी
Basilicum	तुलसी
Citroen	नींबू
Gerst	जौ
Kaneel	दालचीनी
Knoflook	लहसुन
Melk	दूध
Peer	नाशपाती
Pinda	मूंगफली
Salade	सलाद
Sap	रस
Soep	सूप
Spinazie	पालक
Suiker	चीनी
Tonijn	टूना
Ui	प्याज
Vlees	मांस
Wortel	गाजर
Zout	नमक

Eten #2
खाना #2

Amandel	बादाम
Ananas	अनन्नास
Appel	सेब
Asperge	शतावरी
Aubergine	बैंगन
Banaan	केला
Broccoli	ब्रोकोली
Brood	रोटी
Druif	अंगूर
Ei	अंडा
Ham	हैम
Kaas	पनीर
Kip	चकिन
Kiwi	कीवी
Perzik	आड़ू
Rijst	चावल
Tarwe	गेहूँ
Tomaat	टमाटर
Vis	मछली
Yoghurt	दही

Exploratie
अन्वेषण

Activiteit	गतविधि
Bepaling	दृढ़ नश्चिय
Culturen	संस्कृतयिों
Dieren	जानवरों
Gevaarlijk	जोखमि
Gevaren	खतरों
Moed	साहस
Nieuw	नया
Onbekend	अनजान
Ontdekking	खोज
Opwinding	उत्साह
Reis	यात्रा
Ruimte	अंतरक्षि
Taal	भाषा
Terrein	भूभाग
Uitputting	थकावट
Ver	दूर
Wild	जंगली

Familie
परविार

Broer	भाई
Dochter	बेटी
Grootmoeder	दादी
Jeugd	बचपन
Kind	बच्चा
Kinderen	बच्चे
Kleinzoon	पोता
Man	पत
Moeder	मां
Neef	भतीजा
Nicht	भतीजी
Oom	चाचा
Opa	दादा
Tante	चाची
Vader	पिता
Vaderlijk	पैतृक
Voorouder	पूर्वज
Vrouw	बीवी
Zus	बहन

Fruit
फ्रूट

Abrikoos	खुबानी
Ananas	अनन्नास
Appel	सेब
Avocado	एवोकाडो
Banaan	केला
Bes	बेरी
Citroen	नींबू
Druif	अंगूर
Framboos	रसभरी
Kers	चेरी
Kiwi	कीवी
Kokosnoot	नारयिल
Mango	आम
Meloen	तरबूज
Nectarine	शफ़तालू
Oranje	नारंगी
Papaja	पपीता
Peer	नाशपाती
Perzik	आड़ू
Pruim	बेर

Gebouwen
इमारतें

Ambassade	दूतावास
Appartement	अपार्टमेंट
Bioscoop	सनिमा
Boerderij	खेत
Cabine	केबनि
Fabriek	फैक्टरी
Hotel	होटल
Kasteel	कलि
Laboratorium	प्रयोगशाला
Museum	संग्रहालय
Observatorium	वेधशाला
School	स्कूल
Schuur	खलहिान
Stadion	स्टेडयिम
Supermarkt	सुपरमार्केट
Tent	तंबू
Theater	थएिटर
Toren	मीनार
Universiteit	वश्विवद्यालय
Ziekenhuis	अस्पताल

Geografie
भूगोल

Atlas	एटलस
Berg	पहाड़
Breedtegraad	अक्षांश
Continent	महाद्वीप
Eiland	द्वीप
Evenaar	भूमध्य रेखा
Halfrond	गोलार्ध
Hoogte	ऊंचाई
Kaart	नक्शा
Land	देश
Meridiaan	मध्याह्न
Noorden	उत्तर
Oceaan	सागर
Regio	क्षेत्र
Rivier	नदी
Stad	शहर
Wereld	दुनयि
Westen	पश्चमि
Zee	समुद्र
Zuiden	दक्षणि

Geologie
भूवज्ञिान

Aardbeving	भूकंप
Calcium	कैल्शयिम
Continent	महाद्वीप
Erosie	कटाव
Fossiel	जीवाश्म
Gesmolten	पघिला हुआ
Grot	गुफा
Koraal	मूंगा
Kristallen	क्रस्टिल
Kwarts	क्वार्ट्ज
Laag	परत
Lava	लावा
Mineralen	खनजि
Plateau	पठार
Stalactiet	स्टैलेक्टटि
Steen	पत्थर
Vulkaan	ज्वालामुखी
Zone	क्षेत्र
Zout	नमक
Zuur	एसडि

Gereedschap Voor het Kok
खाना पकाने के उपकरण

Bestek	कटलरी
Broodrooster	टोस्टर
Deksel	ढक्कन
Kachel	स्टोव
Ketel	केतली
Koelkast	फ्रजि
Lepel	चम्मच
Mes	चाकू
Oven	ओवन
Rasp	पसिाई यंत्र
Sapcentrifuge	जूसर
Schaar	कैंची
Spatel	रंग
Thermometer	थर्मामीटर
Vergiet	कोलंडर
Vork	कांटा
Zeef	छन्नी

Getallen
संख्याएँ

Acht	आठ
Achttien	अठारह
Dertien	तेरह
Drie	तीन
Een	एक
Negen	नौ
Negentien	उन्नीस
Nul	शून्य
Tien	दस
Twaalf	बारह
Twee	दो
Twintig	बीस
Veertien	चौदह
Vier	चार
Vijf	पांच
Vijftien	पंद्रह
Zes	छह
Zestien	सोलह
Zeven	सात
Zeventien	सत्रह

Groenten
सब्जयिां

Aardappel	आलू
Artisjok	हाथी चक
Aubergine	बैंगन
Broccoli	ब्रोकोली
Erwt	मटर
Gember	अदरक
Knoflook	लहसुन
Komkommer	खीरा
Olijf	जैतून
Paddestoel	मशरूम
Peterselie	अजमोद
Pompoen	कद्दू
Raap	शलजम
Radijs	मूली
Salade	सलाद
Selderij	अजवाइन
Spinazie	पालक
Tomaat	टमाटर
Ui	प्याज
Wortel	गाजर

Haartypes
बालों के प्रकार

Blond	गोरा
Bruin	भूरा
Dik	मोटा
Droog	सूखा
Dun	पतला
Gekleurd	रंगीन
Gevlochten	लट
Gezond	स्वस्थ
Golvend	लहराती
Grijs	धूसर
Hoofdhuid	खोपड़ी
Kaal	गंजा
Kort	कम
Krullen	कर्ल
Krullend	घुंघराले
Lang	लंबा
Wit	सफेद
Zacht	नरम
Zilver	चाँदी
Zwart	काला

Herbalisme
हर्बलज्मि

Aromatisch	खुशबूदार
Basilicum	तुलसी
Bloem	फूल
Culinair	पाक
Dille	दलि
Dragon	तारगोन
Groen	हरा
Ingrediënt	घटक
Knoflook	लहसुन
Koriander	धनयिा
Kwaliteit	गुणवत्ता
Lavendel	लैवेंडर
Marjolein	कुठरा
Peterselie	अजमोद
Rozemarijn	दौनी
Saffraan	केसर
Smaak	स्वाद
Tijm	अजवायन
Tuin	बगीचा
Venkel	सौंफ

Huis
हाउस

Bezem	झाड़ू
Bibliotheek	पुस्तकालय
Dak	छत
Deur	दरवाजा
Douche	बौछार
Garage	गैरेज
Hek	बाड़
Kamer	कक्ष
Kelder	तहखाना
Keuken	रसोई
Lamp	दीपक
Meubilair	फर्नीचर
Muur	दीवार
Schoorsteen	चिमिनी
Slaapkamer	शयनकक्ष
Spiegel	दर्पण
Tapijt	गलीचा
Trap	सीढ़ी
Tuin	बगीचा
Zolder	अटारी

Huisdieren
पालतू जानवर

Dierenarts	पशु चिकित्सक
Geit	बकरी
Hagedis	छिपकली
Hond	कुत्ता
Kat	बिल्ली
Koe	गाय
Konijn	खरगोश
Kraag	कॉलर
Muis	चूहा
Papegaai	तोता
Poten	पंजे
Puppy	पिल्ला
Schildpad	कछुआ
Staart	पूंछ
Vis	मछली
Voedsel	भोजन
Water	पानी

Hulpmiddelen
टूल्स

Bijl	कुल्हाड़ी
Fakkel	मशाल
Hamer	हथौड़ा
Heerser	शासक
Kabel	केबल
Ladder	सीढ़ी
Lijm	गोंद
Mes	चाकू
Nietmachine	व्यवसायी
Schaar	कैंची
Scheermes	उस्तरा
Schop	फावड़ा
Schroef	पेंच
Tang	सरौता
Touw	रस्सी
Wiel	पहिया

Insecten
कीड़े

Bij	मधुमक्खी
Bladluis	एफिड
Cicade	सिकाडा
Kakkerlak	तिलचट्टा
Kever	भृंग
Larve	लार्वा
Libel	ड्रैगनफ्लाई
Mier	चींटी
Mot	कीट
Mug	मच्छर
Sprinkhaan	टिड्डी
Termiet	दीमक
Vlinder	तितली
Vlo	पिस्सू
Wesp	ततैया
Worm	कीड़ा

Installaties
पौधे

Bamboe	बांस
Bes	बेरी
Blad	पत्ता
Bloem	फूल
Bloesem	खिलना
Boom	पेड़
Boon	सेम
Bos	वन
Cactus	कैक्टस
Gebladerte	पत्ते
Gras	घास
Groeien	बढ़ना
Klimop	आइवी
Kruid	जड़ी बूटी
Mest	उर्वरक
Mos	काई
Struik	बुश
Tuin	बगीचा
Vegetatie	वनस्पति
Wortel	जड़

Kastelen
महल

Draak	अजगर
Dynastie	राजवंश
Edele	महान
Eenhoorn	गेंडा
Feodaal	सामंती
Fort	किले
Gracht	खाई
Harnas	कवच
Katapult	गुलेल
Kroon	ताज
Muur	दीवार
Paard	घोड़ा
Paleis	महल
Prins	राजकुमार
Prinses	राजकुमारी
Ridder	शूरवीर
Rijk	साम्राज्य
Toren	मीनार
Zwaard	तलवार

Katten
बलि्ली की

Bont	फर
Garen	धागा
Gek	पागल
Jager	शकिारी
Klein	थोड़ा
Muis	चूहा
Nieuwsgierig	जजि्ञासु
Onafhankelijk	स्वतंत्र
Persoonlijkheid	व्यक्तत्वि
Poot	पंजा
Slaap	नींद
Snel	तेज
Speels	चंचल
Staart	पूंछ
Verlegen	शर्मीला
Wild	जंगली

Keuken
कचिन

Cup	कप
Eetstokjes	चीनी काँटा
Grill	ग्रलि
Ketel	केतली
Koelkast	फ्रजि
Kom	कटोरा
Kruik	जग
Lepels	चम्मच
Messen	चाकू
Oven	ओवन
Pollepel	करछुल
Recept	वधिि
Schort	एप्रन
Servet	नैपकनि
Specerijen	मसाले
Spons	स्पंज
Voedsel	भोजन
Vorken	कांटे
Vriezer	फ्रीजर

Kleding
कपडे

Armband	कंगन
Blouse	ब्लाउज
Broek	पैंट
Handschoenen	दस्ताने
Hoed	टोपी
Jas	कोट
Jasje	जैकेट
Jurk	पोशाक
Ketting	हार
Mode	फैशन
Pyjama	पाजामा
Riem	बेल्ट
Rok	स्कर्ट
Sandalen	सैंडल
Schoen	जूता
Schort	एप्रन
Shirt	कमीज
Sjaal	दुपट्टा
Sokken	मोजे
Trui	स्वेटर

Klimmen
क्लाइम्बगि

Atmosfeer	वायुमंडल
Deskundige	वशिषज्ञ
Fysiek	शारीरकि
Gidsen	गाइड
Grot	गुफा
Handschoenen	दस्ताने
Helm	हेलमेट
Hoogte	ऊंचाई
Kaart	नक्शा
Kracht	ताकत
Laarzen	जूते
Letsel	चोट
Nieuwsgierigheid	जजि्ञासा
Opleiding	प्रशक्षिण
Smal	संकीर्ण
Stabiliteit	स्थरिता
Terrein	भूभाग
Uitdagingen	चुनौतयिाँ

Komedie
कॉमेडी

Acteur	अभनिता
Actrice	अभनित्री
Applaus	वाहवाही
Clowns	जोकर
Expressief	सूचक
Gelach	हँसी
Genre	शैली
Grappen	चुटकुले
Humor	हास्य
Improvisatie	कामचलाऊ
Parodie	पैरोडी
Plezier	मज़ा
Publiek	दर्शक
Slim	चतुर
Televisie	टेलीवजिन
Theater	थएिटर

Kunst
कला

Beeldhouwwerk	मूर्तकिला
Complex	जटलि
Creëren	बनाना
Eenvoudig	सरल
Eerlijk	ईमानदार
Geïnspireerd	प्रेरति
Humeur	मनोदशा
Keramisch	सरिमिकि
Onderwerp	वषिय
Origineel	मूल
Persoonlijk	व्यक्तगित
Poëzie	कवता
Portretteren	चत्रिति
Samenstelling	रचना
Surrealisme	अतयिथार्थवाद
Symbool	प्रतीक
Uitdrukking	अभव्यिक्त
Visueel	दृश्य

Kunstbenodigdheden
कला की आपूर्ति

Acryl	एक्रलिकि
Aquarellen	जल रंग
Borstels	ब्रश
Camera	कैमरा
Creativiteit	रचनात्मकता
Ezel	चत्रिफलक
Gom	रबड़
Ideeën	वचिारों
Inkt	स्याही
Klei	मट्टिी
Kleuren	रंग
Lijm	गोंद
Olie	तेल
Papier	कागज
Pastel	पेस्टल
Potloden	पेंसलि
Stoel	कुर्सी
Tafel	टेबल
Verf	पेंट
Water	पानी

Landen #2
देशों #2

Denemarken	डेनमार्क
Ethiopië	इथयिोपयिा
Frankrijk	फ्रांस
Griekenland	यूनान
Ierland	आयरलैंड
Indonesië	इंडोनेशयिा
Japan	जापान
Kenia	केन्या
Laos	लाओस
Libanon	लेबनान
Liberia	लाइबेरयिा
Maleisië	मलेशयिा
Mexico	मेक्सकिो
Nepal	नेपाल
Nigeria	नाइजीरयिा
Oeganda	युगांडा
Oekraïne	यूक्रेन
Rusland	रूस
Somalië	सोमालयिा
Syrië	सीरयिा

Landschappen
लैंडस्केप

Berg	पहाड़
Eiland	द्वीप
Gletsjer	ग्लेशयिर
Golf	खाड़ी
Grot	गुफा
Heuvel	पहाड़ी
Ijsberg	हमिखंड
Meer	झील
Moeras	दलदल
Oase	मरूद्यान
Oceaan	सागर
Rivier	नदी
Schiereiland	प्रायद्वीप
Strand	समुद्र तट
Toendra	टुंड्रा
Vallei	घाटी
Vulkaan	ज्वालामुखी
Waterval	झरना
Woestijn	रेगस्तिान
Zee	समुद्र

Literatuur
साहत्यि

Analogie	समानता
Analyse	वश्लिेषण
Anekdote	कस्सिा
Auteur	लेखक
Biografie	जीवनी
Conclusie	नष्किर्ष
Dialoog	संवाद
Fictie	कथा
Gedicht	कवतिा
Mening	राय
Metafoor	रूपक
Poëtisch	काव्यात्मक
Rijm	तुक
Ritme	ताल
Roman	उपन्यास
Stijl	शैली
Thema	वषिय
Tragedie	त्रासदी
Vergelijking	तुलना
Verteller	कथावाचक

Meditatie
ध्यान

Aandacht	ध्यान
Aanvaarding	स्वीकृति
Ademhaling	श्वास
Beweging	गति
Dankbaarheid	कृतज्ञता
Emoties	भावनाएँ
Gedachten	वचिार
Geluk	खुश
Helderheid	स्पष्टता
Houding	आसन
Mededogen	दया
Mentaal	मानसकि
Muziek	संगीत
Natuur	प्रकृति
Observatie	अवलोकन
Perspectief	परप्रिेक्ष्य
Stilte	मौन
Vrede	शांति
Vriendelijkheid	दयालुता
Wakker	जाग

Meer Informatie
कल्पति वज्ञिान

Bioscoop	सनिमा
Boeken	पुस्तकें
Brand	आग
Denkbeeldig	काल्पनकि
Dystopie	डायस्टोपयिा
Explosie	वस्फिोट
Extreem	चरम
Fantastisch	शानदार
Futuristisch	फ्यूचरस्टिकि
Illusie	भ्रम
Mysterieus	रहस्यमय
Orakel	आकाशवाणी
Planeet	ग्रह
Realistisch	यथार्थवादी
Robots	रोबोट
Scenario	परदृिश्य
Sterrenstelsel	आकाशगंगा
Technologie	प्रौद्योगकिी
Utopie	आदर्शलोक
Wereld	दुनयिा

Menselijk Lichaam
मानव शरीर

Been	टांग
Bloed	रक्त
Elleboog	कोहनी
Enkel	टखने
Hand	हाथ
Hart	दलि
Hersenen	दमिाग
Hoofd	सरि
Huid	त्वचा
Kaak	जबड़ा
Kin	ठोड़ी
Knie	घुटना
Maag	पेट
Mond	मुँह
Nek	गर्दन
Neus	नाक
Oor	कान
Schouder	कंधा
Tong	जीभ
Vinger	उंगली

Metingen
मापन

Breedte	चौड़ाई
Byte	बाइट
Centimeter	सेंटीमीटर
Decimaal	दशमलव
Diepte	गहराई
Gewicht	वजन
Graad	डग्रिी
Gram	ग्राम
Hoogte	ऊंचाई
Inch	इंच
Kilogram	कलिोग्राम
Kilometer	कलिोमीटर
Lengte	लंबाई
Liter	लीटर
Massa	मास
Meter	मीटर
Minuut	मनिट
Ons	औंस
Ton	टन
Volume	आयतन

Muziekinstrumenten
संगीत वाद्ययंत्र

Banjo	बैंजो
Cello	वायलनचेलो
Fagot	बासून
Fluit	बांसुरी
Gitaar	गटिार
Gong	घंटा
Harp	वीणा
Klarinet	शहनाई
Klokkenspel	झंकार
Mandoline	मैंडोलनि
Percussie	टक्कर
Piano	पयिानो
Saxofoon	सैक्सोफोन
Tamboerijn	डफ
Trommel	ढोल
Trompet	तुरही
Viool	वायलनि

Mythologie
पौराणकि कथाएं

Archetype	मूलरूप आदर्श
Bliksem	बजिली
Creatie	सृजन
Cultuur	संस्कृति
Donder	गरज
Doolhof	भूलभुलैया
Gedrag	व्यवहार
Held	नायक
Heldin	नायकि
Hemel	स्वर्ग
Jaloezie	ईर्ष्या
Kracht	ताकत
Krijger	योद्धा
Legende	दंतकथा
Monster	राक्षस
Onsterfelijkheid	अमरता
Ramp	आपदा
Sterfelijk	नश्वर
Wezen	जंतु
Wraak	बदला

Natuur
प्रकृति

Arctisch	आर्कटकि
Bijen	मधुमक्खयिों
Bos	वन
Dieren	जानवरों
Dynamisch	गतशिील
Erosie	कटाव
Gebladerte	पत्ते
Gletsjer	ग्लेशयिर
Heiligdom	अभयारण्य
Klippen	चट्टानों
Mist	कोहरा
Rivier	नदी
Schoonheid	सुंदरता
Schuilplaats	आश्रय
Sereen	नर्मिल
Tropisch	उष्णकटबिंधीय
Vitaal	महत्वपूर्ण
Wild	जंगली
Woestijn	रेगस्तिान
Wolken	बादल

Oceaan
सागर

Algen	शैवाल
Boot	नाव
Dolfijn	डॉल्फनि
Garnaal	झींगा
Getijden	ज्वार
Golven	लहरें
Haai	शार्क
Koraal	मूंगा
Krab	केकड़ा
Kwal	जेलफ़िशि
Octopus	ऑक्टोपस
Oester	सीप
Rif	चट्टान
Schildpad	कछुआ
Spons	स्पंज
Storm	आंधी
Tonijn	टूना
Vis	मछली
Walvis	व्हेल
Zout	नमक

Om in te Vullen
भरने के लिए

Bekken	घाटी
Buis	ट्यूब
Dienblad	ट्रे
Doos	बॉक्स
Emmer	बाल्टी
Envelop	लिफाफा
Fles	बोतल
Karton	कार्टन
Koffer	सूटकेस
Krat	टोकरा
Lade	दराज
Mand	टोकरी
Map	फ़ोल्डर
Pakje	पैकेट
Vaas	फूलदान
Vat	बैरल
Zak	जेब

Piraten
समुद्री लुटेरे

Anker	लंगर
Avontuur	साहसकि
Bemanning	क्रू
Eiland	द्वीप
Gevaar	खतरा
Goud	सोना
Grot	गुफा
Kaart	नक्शा
Kapitein	कप्तान
Kompas	दक्सिूचक
Legende	दंतकथा
Litteken	नशिान
Oceaan	सागर
Papegaai	तोता
Rum	रम
Schat	खजाना
Slecht	बुरा
Strand	समुद्र तट
Vlag	झंडा
Zwaard	तलवार

Regenwoud
वर्षावन

Amfibieën	उभयचर
Behoud	संरक्षण
Botanisch	वानस्पतकि
Diversiteit	ववििधिता
Gemeenschap	समुदाय
Inheems	स्वदेशी
Insecten	कीड़े
Jungle	जंगल
Klimaat	जलवायु
Mos	काई
Natuur	प्रकृत
Overleving	उत्तरजीवति
Respect	आदर
Restauratie	बहाली
Soort	प्रजातयिां
Toevlucht	शरण
Vogels	पक्षी
Waardevol	मूल्यवान
Wolken	बादल
Zoogdieren	स्तनधारी

Restaurant #1
रेस्टोरेंट #1

Allergie	एलर्जी
Bord	प्लेट
Brood	रोटी
Ingrediënten	सामग्री
Kassier	खजांची
Keuken	रसोई
Kip	चकिन
Koffie	कॉफ़ी
Kom	कटोरा
Menu	मेन्यू
Mes	चाकू
Pittig	मसालेदार
Reservering	आरक्षण
Saus	चटनी
Serveerster	वेट्रेस
Servet	नैपकनि
Toetje	मठिाई
Vlees	मांस
Voedsel	भोजन

Restaurant #2
रेस्टोरेंट #2

Cake	केक
Diner	रात का खाना
Drank	पेय
Eieren	अंडे
Fruit	फल
Groente	सब्जयिां
Heerlijk	स्वादष्टि
Ijs	बर्फ
Lepel	चम्मच
Lunch	दोपहर का भोजन
Noedels	नूडल्स
Ober	वेटर
Salade	सलाद
Soep	सूप
Specerijen	मसाले
Stoel	कुर्सी
Vis	मछली
Vork	कांटा
Water	पानी
Zout	नमक

Rijden
ड्राइवगि

Auto	कार
Brandstof	ईंधन
Garage	गैरेज
Gas	गैस
Gevaar	खतरा
Kaart	नक्शा
Licentie	लाइसेंस
Motor	मोटर
Motorfiets	मोटरसाइकलि
Ongeluk	दुर्घटना
Politie	पुलसि
Remmen	ब्रेक
Snelheid	गत
Straat	गली
Tunnel	सुरंग
Veiligheid	सुरक्षा
Verkeer	यातायात
Voetganger	पैदल यात्री
Vrachtauto	ट्रक
Weg	सड़क

Schaken
शतरंज

Diagonaal	विकिरण
Kampioen	चैंपियन
Koning	राजा
Koningin	रानी
Offer	बलदिान
Passief	निष्क्रिय
Punten	अंक
Reglement	नियिम
Slim	चतुर
Spel	खेल
Speler	खिलाड़ी
Strategie	रणनीति
Tegenstander	विरोधी
Tijd	समय
Toernooi	टूर्नामेंट
Uitdagingen	चुनौतियाँ
Wedstrijd	प्रतियोगिता
Wit	सफेद
Zwart	काला

School #1
स्कूल #1

Alfabet	वर्णमाला
Antwoorden	जवाब
Bibliotheek	पुस्तकालय
Boeken	पुस्तकें
Bureau	डेस्क
Cijfers	संख्याएँ
Examens	परीक्षा
Klaslokaal	कक्षा
Leraar	शिक्षक
Lunch	दोपहर का भोजन
Mappen	फ़ोल्डर
Papier	कागज
Pennen	कलम
Plezier	मज़ा
Potlood	पेंसिल
Quiz	प्रश्नोत्तरी
Stoel	कुर्सी
Vrienden	दोस्तों
Wiskunde	गणित

School #2
स्कूल #2

Academisch	शैक्षिक
Bibliotheek	पुस्तकालय
Boeken	पुस्तकें
Bus	बस
Computer	संगणक
Grammatica	व्याकरण
Kalender	कैलेंडर
Leraar	शिक्षक
Literatuur	साहित्य
Onderwijs	शिक्षा
Papier	कागज
Pennen	कलम
Potlood	पेंसिल
Rugzak	बैग
Schaar	कैंची
Schoenen	जूते
Weekend	सप्ताहांत
Wetenschap	विज्ञान
Wiskunde	गणित
Woordenboek	शब्दकोश

Specerijen
मसाले

Bitter	कड़वा
Fenegriek	मेथी
Gember	अदरक
Kaneel	दालचीनी
Kardemom	इलायची
Kerrie	करी
Knoflook	लहसुन
Komijn	जीरा
Koriander	धनिया
Kruidnagel	लौंग
Kurkuma	हल्दी
Nootmuskaat	जायफल
Peper	मिर्च
Saffraan	केसर
Smaak	स्वाद
Ui	प्याज
Vanille	वनीला
Venkel	सौंफ
Zoet	मिठाई
Zout	नमक

Speelgoed
खिलौने

Ambachten	शिल्प
Auto	कार
Bal	गेंद
Boeken	पुस्तकें
Boot	नाव
Drums	ड्रम
Favoriet	प्रिय
Fiets	साइकिल
Games	खेल
Klei	मिट्टी
Pop	गुड़िया
Puzzel	पहेली
Robot	रोबोट
Schaak	शतरंज
Trein	ट्रेन
Verbeelding	कल्पना
Verf	पेंट
Vlieger	पतंग
Vliegtuig	विमान
Vrachtauto	ट्रक

Sport
स्पोर्ट्स

Basketbal	बास्केटबॉल
Beweging	गति
Fiets	साइकिल
Golf	गोल्फ
Gymnasium	व्यायामशाला
Gymnastiek	जिमनास्टिक
Hockey	हॉकी
Honkbal	बेसबॉल
Kampioenschap	चैम्पियनशिप
Scheidsrechter	रेफरी
Spel	खेल
Speler	खिलाड़ी
Stadion	स्टेडियम
Team	टीम
Tennis	टेनिस
Trainer	कोच
Winnaar	विजेता

Stad
नगर

Apotheek	फार्मेसी
Bakkerij	बेकरी
Bank	बैंक
Bibliotheek	पुस्तकालय
Bioscoop	सनिमा
Bloemist	फूलवाला
Dierentuin	चड़ियािघर
Galerij	गैलरी
Hotel	होटल
Kliniek	क्लनिकि
Luchthaven	हवाई अड्डा
Markt	बाजार
Museum	संग्रहालय
Restaurant	भोजनालय
School	स्कूल
Stadion	स्टेडयिम
Supermarkt	सुपरमार्केट
Theater	थएिटर
Universiteit	वश्विवद्यालय
Winkel	दुकान

Strand
समुद्र तट

Blauw	नीला
Boot	नाव
Dok	गोदी
Eiland	द्वीप
Handdoek	तौलयिा
Krab	केकड़ा
Kust	तट
Lagune	लैगून
Oceaan	सागर
Paraplu	छाता
Rif	चट्टान
Sandalen	सैंडल
Schelpen	गोले
Vakantie	छुट्टी
Zand	रेत
Zee	समुद्र
Zeilboot	सेलबोट
Zon	सूर्य

Surfen
सर्फ़गि

Atleet	खलाड़ी
Beginner	शुरुआत
Extreem	चरम
Golf	लहर
Kampioen	चैंपयिन
Kracht	ताकत
Maag	पेट
Menigte	भीड़
Oceaan	सागर
Plezier	मज़ा
Populair	लोकप्रयि
Rif	चट्टान
Schuim	फोम
Snelheid	गतिं
Stijl	शैली
Strand	समुद्र तट
Weer	मौसम

Technologie
प्रौद्योगकिी

Bericht	संदेश
Bestand	फ़ाइल
Blog	ब्लॉग
Browser	ब्राउज़र
Bytes	बाइट्स
Camera	कैमरा
Computer	संगणक
Cursor	कर्सर
Digitaal	डजिटिल
Gegevens	डेटा
Internet	इंटरनेट
Lettertype	फ़ॉन्ट
Onderzoek	अनुसंधान
Scherm	स्क्रीन
Software	सॉफ्टवेयर
Statistiek	सांख्यकिी
Veiligheid	सुरक्षा
Virtueel	आभासी
Virus	वाइरस

Tijd
टाइम

Dag	दनि
Decennium	दशक
Eeuw	सदी
Gisteren	कल
Jaar	वर्ष
Jaarlijks	वार्षकि
Kalender	कैलेंडर
Klok	घड़ी
Maand	महीना
Middag	दोपहर
Minuut	मनिट
Na	के बाद
Nacht	रात
Nu	अब
Ochtend	सुबह
Toekomst	भवषि्य
Uur	घंटा
Vandaag	आज
Vroeg	जल्दी
Week	सप्ताह

Tuin
बगीचा

Bank	बेंच
Bloem	फूल
Boom	पेड़
Boomgaard	फलोद्यान
Garage	गैरेज
Gazon	लॉन
Gras	घास
Hangmat	झूला
Hark	रेक
Hek	बाड़
Onkruid	मातम
Rotsen	चट्टानों
Schop	फावड़ा
Slang	नली
Struik	बुश
Terras	छत
Trampoline	ट्रेम्पोलनि
Tuin	बगीचा
Vijver	तालाब
Wijnstok	बेल

Vakantie #2
अवकाश #2

Bestemming	गंतव्य
Buitenlander	वदिशी
Buitenlands	वदिश
Eiland	द्वीप
Hotel	होटल
Kaart	नक्शा
Kamperen	डेरा डालना
Luchthaven	हवाई अड्डा
Paspoort	पासपोर्ट
Reis	यात्रा
Reserveringen	आरक्षण
Restaurant	भोजनालय
Strand	समुद्र तट
Taxi	टैक्सी
Tent	तंबू
Vakantie	छुट्टी
Vervoer	परविहन
Visum	वीजा
Vrije Tijd	अवकाश
Zee	समुद्र

Verjaardag
जन्मदनि

Cake	केक
Dag	दनि
Geboren	जन्म
Gelukkig	खुश
Geschenk	उपहार
Herinneringen	यादें
Jaar	वर्ष
Jong	युवा
Kaarsen	मोमबत्तयिाँ
Kaarten	पत्ते
Kalender	कैलेंडर
Lied	गीत
Ouder	पुराने
Plezier	मज़ा
Speciaal	वशिष
Tijd	समय
Uitnodigingen	नमिंत्रण
Viering	उत्सव
Vrienden	दोस्तों
Wijsheid	बुद्धि

Vissen
फशिगि

Aas	चारा
Apparatuur	उपकरण
Boot	नाव
Draad	तार
Geduld	धैर्य
Gewicht	वजन
Haak	हुक
Kaak	जबड़ा
Kieuwen	गलि्स
Kok	रसोइया
Mand	टोकरी
Meer	झील
Oceaan	सागर
Overdrijving	अतशियोक्त
Rivier	नदी
Seizoen	ऋतु
Strand	समुद्र तट
Vinnen	पंख
Water	पानी

Vliegtuigen
हवाई जहाज

Afdaling	वंश
Atmosfeer	वायुमंडल
Avontuur	साहसकि
Ballon	गुब्बारा
Bemanning	क्रू
Bouw	नरि्माण
Brandstof	ईंधन
Geschiedenis	इतहिास
Hemel	आकाश
Hoogte	ऊंचाई
Landen	अवतरण
Lucht	वायु
Motor	इंजन
Navigeren	नेवगिट
Ontwerp	डजिाइन
Passagier	यात्री
Piloot	पायलट
Richting	दशिा
Turbulentie	अशांत
Waterstof	हाइड्रोजन

Voeding
पोषाहार

Bitter	कड़वा
Calorieën	कैलोरी
Dieet	आहार
Eetbaar	खाद्य
Eetlust	भूख
Eiwitten	प्रोटीन
Evenwichtig	संतुलति
Fermentatie	कण्विन
Gewicht	वजन
Gezond	स्वस्थ
Gezondheid	स्वास्थ्य
Kwaliteit	गुणवत्ता
Saus	चटनी
Smaak	स्वाद
Specerijen	मसाले
Spijsvertering	पाचन
Toxine	वषि
Vitamine	वटिामनि
Vloeistoffen	तरल पदार्थ
Voedingsstof	पुष्टकिर

Voertuigen
वाहन

Ambulance	रोगी वाहन
Auto	कार
Banden	टायर
Boot	नाव
Bus	बस
Caravan	कारवां
Fiets	साइकलि
Helikopter	हेलीकॉप्टर
Metro	भूमगित मार्ग
Motor	मोटर
Onderzeeër	पनडुब्बी
Raket	रॉकेट
Scooter	स्कूटर
Taxi	टैक्सी
Tractor	ट्रैक्टर
Trein	ट्रेन
Veerboot	नौका
Vliegtuig	वमिान
Vlot	बेड़ा
Vrachtauto	ट्रक

Vogels
पक्षयिों

Duif	कबूतर
Eend	बतख
Ei	अंडा
Flamingo	राजहंस
Havik	बाज़
Kip	चकिन
Koekoek	कोयल
Kraai	कौआ
Meeuw	मूर्ख मनुष्य
Mus	गौरैया
Ooievaar	सारस
Papegaai	तोता
Pauw	मोर
Pelikaan	हवासील
Pinguïn	पेंगुइन
Reiger	बगुला
Struisvogel	शुतुरमुर्ग
Toekan	टूकेन
Uil	उल्लू
Zwaan	हंस

Vormen
आकृतयिाँ

Boog	चाप
Cilinder	सलिंडर
Cirkel	वृत्त
Curve	वक्र
Driehoek	त्रकिोण
Hoek	कोने
Kant	पक्ष
Kegel	शंकु
Kubus	घन
Lijn	रेखा
Ovaal	अंडाकार
Piramide	परामिडि
Prisma	प्रज़्मि
Randen	कनिारों
Rechthoek	आयत
Ronde	गोल
Veelhoek	बहुभुज
Vierkant	वर्ग

Wandelen
लंबी पैदल यात्रा

Berg	पहाड़
Dieren	जानवरों
Gevaren	खतरों
Kaart	नक्शा
Kamperen	डेरा डालना
Klif	चट्टान
Klimaat	जलवायु
Laarzen	जूते
Moe	थक गया
Muggen	मच्छरों
Natuur	प्रकृत
Oriëntatie	अभवनि्यास
Parken	पार्क
Stenen	पत्थर
Top	शखिर सम्मेलन
Voorbereiding	तैयारी
Water	पानी
Wild	जंगली
Zon	सूर्य
Zwaar	भारी

Water
पानी

Douche	बौछार
Golven	लहरें
Ijs	बर्फ
Irrigatie	सचिाई
Kanaal	नहर
Meer	झील
Moesson	मानसून
Oceaan	सागर
Orkaan	तूफान
Overstroming	बाढ़
Regen	वर्षा
Rivier	नदी
Stoom	भाप
Stroom	धारा
Verdamping	वाष्पीकरण
Vocht	नमी
Vochtig	नम
Vorst	ठंड

Weersomstandigheden
मौसम

Atmosfeer	वायुमंडल
Bliksem	बजिली
Donder	गरज
Droogte	सूखा
Hemel	आकाश
Ijs	बर्फ
Klimaat	जलवायु
Mist	कोहरा
Moesson	मानसून
Orkaan	तूफान
Overstroming	बाढ़
Polair	ध्रुवीय
Regenboog	इंद्रधनुष
Storm	आंधी
Temperatuur	तापमान
Tornado	बवंडर
Tropisch	उष्णकटबिंधीय
Vochtig	नम
Wind	हवा
Wolk	बादल

Wetenschap
वज्ञिान

Atoom	परमाणु
Chemisch	रासायनकि
Deeltjes	कण
Evolutie	वकिास
Experiment	प्रयोग
Feit	तथ्य
Fossiel	जीवाश्म
Gegevens	डेटा
Hypothese	परकिल्पना
Klimaat	जलवायु
Laboratorium	प्रयोगशाला
Methode	तरीका
Mineralen	खनजि
Moleculen	अणुओं
Natuur	प्रकृत
Natuurkunde	भौतकि वज्ञिान
Observatie	अवलोकन
Organisme	जीव
Wetenschapper	वैज्ञानकि
Zwaartekracht	गुरुत्वाकर्षण

Wetenschappelijke Discip
वैज्ञानकि अनुशासन

Anatomie	शरीर रचना
Archeologie	पुरातत्व
Astronomie	खगोल वज्ञिान
Biochemie	जीव रसायन
Biologie	जीववज्ञिान
Chemie	रसायन वज्ञिान
Ecologie	पारस्थितिकी
Fysiologie	फजियिोलॉजी
Geologie	भूवज्ञिान
Immunologie	इम्यूनोलॉजी
Kinesiologie	काइन्सयिोलॉजी
Mechanica	यांत्रकी
Meteorologie	मौसम वज्ञिान
Mineralogie	खनजि वदि्या
Natuurkunde	भौतकि वज्ञिान
Psychologie	मनोवज्ञिान
Robotica	रोबोटक्सि
Sociologie	समाज शास्त्र
Thermodynamica	ऊष्मप्रवैगकी
Voeding	पोषण

Wiskunde
गणति

Decimaal	दशमलव
Diameter	व्यास
Divisie	वभिाजन
Driehoek	त्रकिोण
Exponent	प्रतपिादक
Fractie	अंश
Geometrie	ज्यामति
Hoeken	कोण
Loodrecht	सीधा
Omtrek	परधि
Parallel	समानांतर
Rechthoek	आयत
Rekenkundig	अंकगणति
Som	योग
Straal	त्रज्यिा
Symmetrie	समरूपता
Veelhoek	बहुभुज
Vergelijking	समीकरण
Vierkant	वर्ग
Volume	आयतन

Zomer
ग्रीष्म ऋतु

Boeken	पुस्तकें
Duiken	डाइवगि
Familie	परविार
Games	खेल
Herinneringen	यादें
Huis	घर
Kamperen	डेरा डालना
Muziek	संगीत
Ontspanning	वश्रिाम
Reis	यात्रा
Sandalen	सैंडल
Sterren	सतिारे
Strand	समुद्र तट
Tuin	बगीचा
Vakantie	छुट्टी
Voedsel	भोजन
Vreugde	हर्ष
Vrienden	दोस्तों
Vrije Tijd	अवकाश
Zee	समुद्र

Zoogdieren
स्तनधारी

Aap	बंदर
Bever	ऊदबलिाव
Coyote	कोयोट
Dolfijn	डॉल्फनि
Ezel	गधा
Geit	बकरी
Giraf	जरिाफ़
Gorilla	गोरल्लिा
Hond	कुत्ता
Kameel	ऊँट
Kangoeroe	कंगारू
Kat	बल्लिी
Konijn	खरगोश
Leeuw	शेर
Olifant	हाथी
Paard	घोड़ा
Stier	बुल
Vos	लोमड़ी
Walvis	व्हेल
Wolf	भेड़यि

Gefeliciteerd

Je hebt het gehaald!

We hopen dat u net zoveel plezier beleeft aan dit boek als wij aan het maken ervan. We doen ons best om spellen van hoge kwaliteit te maken.
Deze puzzels zijn op een slimme manier ontworpen zodat je actief kunt leren terwijl je plezier hebt!

Vond je ze mooi?

Een Eenvoudig Verzoek

Onze boeken bestaan dankzij de recensies die zij publiceren.
Kunt u ons helpen door nu een mening achter te laten ?

Hier is een korte link die u naar uw
bestellingen beoordelingspagina.

BestBooksActivity.com/Recensie50

FINAAL UITDAGING!

Uitdaging nr. 1

Klaar voor uw bonusspel? We gebruiken ze de hele tijd, maar ze zijn niet zo gemakkelijk te vinden. Hier zijn **Synoniemen!**

Noteer 5 woorden die je ontdekt hebt in elk van de onderstaande puzzels (nr. 21, nr. 36, nr. 76) en probeer voor elk woord 2 synoniemen te vinden.

Notitie 5 Woorden uit *Puzzle 21*

Woorden	Synoniem 1	Synoniem 2

Notitie 5 Woorden uit *Puzzle 36*

Woorden	Synoniem 1	Synoniem 2

Notitie 5 Woorden uit *Puzzle 76*

Woorden	Synoniem 1	Synoniem 2

Uitdaging nr. 2

Nu je opgewarmd bent, noteer 5 woorden die je ontdekt hebt in elke hieronder genoteerde puzzel (nr. 9, nr. 17, nr. 25) en probeer voor elk woord 2 antoniemen te vinden. Hoeveel regels kan je doen in 20 minuten?

Notitie 5 Woorden uit *Puzzle 9*

Woorden	Antoniem 1	Antoniem 2

Notitie 5 Woorden uit *Puzzle 17*

Woorden	Antoniem 1	Antoniem 2

Notitie 5 Woorden uit *Puzzle 25*

Woorden	Antoniem 1	Antoniem 2

Uitdaging nr. 3

Prachtig, deze finaal uitdaging is makkelijk voor jou!

Klaar voor de laatste? Kies je 10 favoriete woorden die je in een van de puzzels hebt ontdekt en noteer ze hieronder.

1.	6.
2.	7.
3.	8.
4.	9.
5.	10.

De uitdaging is nu om met deze woorden en binnen een maximum van zes zinnen een tekst te schrijven over een persoon, dier of plaats waar je van houdt!

Tip: U kunt de laatste blanco pagina van dit boek als kladblaadje gebruiken!

Je schrijven:

NOTITIEBOEKJE:

TOT SNEL!

GENIET VAN GRATIS SPELLEN

GO

↓

BESTACTIVITYBOOKS.COM/FREEGAMES